# LE JAPON.

IMPRIM. DE LE NORMANT, RUE DE SEINE.

Dame Japonaise dans un Chariot.

# LE JAPON,

OU

## MŒURS, USAGES ET COSTUMES
## DES HABITANS
## DE CET EMPIRE,

D'après les relations récentes de KRUSENSTERN, LANGSDORF, TITZING, etc. et ce que les Voyageurs précédens offrent de plus avéré;

SUIVI

DE LA RELATION DU VOYAGE ET DE LA CAPTIVITÉ DU CAPITAINE RUSSE *GOLOWNIN*.

PAR M. BRETON.

*Ouvrage orné de* 51 gravures, *dont plusieurs d'après des peintures japonaises inédites.*

TOME DEUXIÈME.

PARIS.

Chez NEPVEU, libraire, passage des Panoramas.

1818.

# LE JAPON.

## AUDIENCES

### DE L'EMPEREUR DU JAPON.

C'ÉTOIT autrefois à Surunga, ville sur la route de Iédo, que les empereurs japonais établissoient leur cour. Lorsqu'ils portèrent à Iédo le siége de leur domination, Surunga resta encore une ville florissante : le frère du prince régnant, ou un autre grand personnage y tenoit sa cour ; mais l'empereur Toxogunsama, qui monta sur le trône vers l'an 1620, ayant condamné à la peine capitale son frère, qui fut forcé de s'ouvrir le ventre, selon la méthode du pays, la ville de Surunga tomba dans une rapide décadence.

En 1611, Iédo vit arriver dans ses murs, outre l'ambassade ordinaire des Hollandais, une légation espagnole.

La mission de l'envoyé espagnol avoit pour objet, d'une part, de justifier sa cour sur le massacre de quelques Japonais à Macao, et d'autre part, de se plaindre de la capture faite à Nangasaki, par le gouverneur japonais, d'un bâtiment de sa nation, richement chargé, qu'on avoit supposé en fraude, relativement aux douánes, et qui, par cette raison, avoit été livré aux flammes.

Jamais ambassade n'avoit été plus fastueuse. Tous les hommes qui la composoient étoient vêtus de velours, (étoffe très-rare et très-chère à cette époque), et ils portoient au cou des chaînes d'or, comme les anciens chevaliers. Les présens qu'on apportoit à Sa Majesté Japonaise étoient considérables : ils consistoient en dix pièces de drap d'or à figures, une coupe d'or massif, et une horloge magnifique.

Montanus assure qu'après s'être acquitté de l'objet ostensible de sa mission, l'ambassadeur espagnol devoit demander : 1°. Qu'il fût permis aux Espagnols de faire construire des vaisseaux au Japon ; 2°. l'autorisation de sonder les ports, et de faire un relevé exact des côtes ; 3°. l'interdiction du commerce aux Hollandais, sans quoi le roi d'Espagne seroit obligé d'envoyer une armée au Japon, pour faire la guerre à ce peuple, qu'il regardoit comme rebelle ; 4°. que les commerçans espagnols ne seroient plus inquiétés par les visites des douaniers.

L'empereur qui régnoit alors se nommoit Gryssio-Sama. Il fut blessé de l'espèce d'insolence avec laquelle l'ambassadeur avoit fait son entrée dans Surunga, précédé de quarante mousquetaires et d'un drapeau, aux armes de son souverain, au son des tambours et des trompettes. Le sujet du voyage communiqué de vive voix et par écrit, le révolta encore plus. Il ne voulut pas admettre l'ambassade, et renvoya tous ses présens.

MM. Spex et Segerszoon, envoyés hollandais, ne furent pas eux-mêmes reçus sans quelque difficulté; mais on s'étoit assuré qu'une trève de douze années venoit d'être conclue entre les Provinces-Unies et l'Espagne. Ainsi la Hollande pouvoit désormais être regardée comme un Etat indépendant.

Les ambassades dont nous trouvons le récit dans l'ouvrage de Montanus, offrent à peu près le même cérémonial que celui que nous allons décrire. Celle de Wagnaër en 1657, fut mémorable, en ce que le jour même de son arrivée, le 1er mars, Iédo fut à moitié détruit par un violent incendie. Voici en quels termes on rend compte de cette catastrophe:

« Les Hollandais effrayés par les progrès de l'incendie, sortirent de leurs maisons, et se virent presque hors d'état de se sauver. On ne voyoit que meubles, que bagages, que chariots traînés ou portés par une infinité de gens qui s'embarrassoient les uns les autres. Les plus empressés à fuir étoient étouffés dans la foule ; les rues furent comblées, en deux ou trois heures, de morts et de mourans. Ce qui augmentoit la désolation, c'est que la fumée étoit si épaisse et si universelle, qu'elle étouffoit et aveugloit, quelque part qu'on allât. Les Hollandais s'en tirèrent avec peine ; mais ils ne savoient où passer la nuit. Les maisons que le feu n'avoit point encore atteintes, étoient si pleines que personne n'y pouvoit plus entrer. Ils furent réduits à sortir de la ville, et à aller se loger dans la cabane d'un paysan.

» Les ravages de l'incendie furent si rapides, que nul soin n'en put exempter le palais impérial. L'empereur même et ses ministres eurent à peine le temps de s'enfuir hors de Iédo, dans les magasins où l'on prépare le thé. »

La capitale n'étoit pas relevée de ses ruines, lorsqu'un autre envoyé, M. Indijk, s'y présenta en 1661.

Les Hollandais furent obligés de faire un long détour dans la ville, parce que les ponts n'étoient pas tous reconstruits. Ce qu'il y eut de particulier à cette ambassade, fut la mesquinerie avec laquelle les principaux officiers de la couronne reprochèrent aux Hollandais le peu de valeur de leurs présens.

« Vos cadeaux, leur dirent-ils, » diminuent de valeur d'année en » année, en sorte qu'ils se réduiront » bientôt à rien. »

En effet, on avoit été peu satisfait de l'envoi d'un casoar, oiseau gigantesque et très-rare, avant la découverte de la Nouvelle-Hollande. On en racontoit, et Montanus en rapporte des merveilles, dont probablement les Japonais reconnurent la fausseté. Par exemple, on disoit que telle est la voracité du casoar, qu'il avale tout ce qu'on lui présente, même des charbons ardens, qui s'éteignent dans son estomac.

J'ai rapporté dans la *Chine en Miniature*, d'après Macartney, que le jour où les Anglais traversèrent Pékin, ils aperçurent dans les carrefours des bateleurs qui accréditoient toutes sortes de contes absurdes sur la légation britannique et sur la nature des présens qu'elle apportoit à l'empereur. Les Anglais, suivant ces charlatans, amenoient avec eux une poule noire qui avoit la propriété de se nourrir de charbon. Cette fable ne se rapporte-t-elle pas à celle du casoar, qui, suivant les Japonais, auroit eu assez de force digestive pour avaler impunément des charbons, même en état d'incandescence?

L'ambassade à laquelle appartenoit Kæmpfer, avoit aussi amené un casoar à Nangasaki; mais le gouverneur dit nettement qu'il n'étoit pas nécessaire de conduire plus loin ce vilain oiseau, parce qu'il consommoit plus de vivres qu'il ne valoit.

Voici en quels termes M. Thunberg décrit l'audience à laquelle il assista en 1776 :

Le 18 mai fut le jour fixé pour la réception de M. Feith, ambassadeur hollandais. Il s'habilla dès le matin, ainsi que son secrétaire, et M. Thunberg, avec de riches vêtemens de soie brochés d'or et d'argent. Ils portoient, exprès pour cette cérémonie, une épée et un ample manteau de soie bleue. Les présens destinés au monarque et aux principaux seigneurs, avoient été disposés d'avance dans la salle desinée à la réception, qu'on appelle la salle des *Mille-Nattes*, ainsi qu'il a été dit ailleurs.

Les Hollandais transportés dans des

norimons, firent un long trajet, avant d'arriver au palais impérial, qui est entouré de fossés, de murailles de pierres et de ponts-levis : on lui donne cinq lieues de circonférence.

Kæmpfer et l'ambassadeur qu'il accompagnoit, avoient fait la même route à cheval. Leurs montures étoient conduites par un valet, qui tenoit la bride du côté droit, par lequel on monte à cheval au Japon, tandis qu'en Europe on monte du côté opposé. C'est peut-être la raison qui fait qu'au Japon le côté d'honneur est toujours à gauche.

La citadelle extérieure qui est la partie la plus considérable du château, se divise en plusieurs belles rues, où sont situées des maisons spacieuses pour les princes, les conseillers d'Etat et les autres officiers du gouvernement.

M. Feith et ses compagnons trouvèrent la première porte gardée par une troupe assez nombreuse; la seconde l'étoit encore mieux; on dit que mille hommes armés s'y relèvent chaque jour. Après avoir passé la seconde porte, ils descendirent de leurs chaises, et attendirent pendant un grand espace de temps, avant qu'il leur fût permis d'aller plus loin. Enfin le signal fut donné, et ils arrivèrent à travers une double haie de soldats, jusqu'à la résidence impériale.

L'habitation particulière du souverain s'appelle Fonmatz; elle est sur une éminence, et par cette raison, quoiqu'elle n'ait qu'un seul étage, elle domine tous les édifices environnans. Arrivés dans une espèce de vestibule ou de salle des gardes, les Hollandais n'attendirent pas moins d'une heure. Pendant ce temps, plusieurs éminens personnages vinrent les complimenter, et entrèrent en conversation avec eux, par l'entremise des interprètes.

Ce vestibule, suivant Kæmpfer, est spacieux, mais très-sombre, parce qu'il ne reçoit de jour que des fenêtres pratiquées dans la cloison d'une chambre voisine. La salle est d'ailleurs richement meublée à la manière du pays, et le mélange de ses piliers dorés avec les paravents dressés contre les murs, forme un charmant coup d'œil.

Lorsque le moment d'introduire l'ambassadeur fut arrivé, on l'invita à entrer dans la salle d'audience. Il fut reçu seul en la présence du monarque. Les autres personnes de sa suite attendirent dans le vestibule, jusqu'à son retour ; l'ambassadeur les rejoignit aussitôt après l'audience. Tous restèrent encore long-temps dans le vestibule avec les courtisans, qui les accablèrent de questions. Un long silence régna lorsque les princes parurent. On assura depuis M. Thunberg, que l'empereur s'étoit confondu parmi eux, sous un déguisement, afin de voir de plus près les étrangers.

L'empereur qui régnoit alors, se nommoit Mina-Moto-No-Jé-Farou-Kou. On l'appeloit tout simplement Jé-Farou, en supprimant les autres prénoms et le surnom : il portoit en outre des titres que le daïri se fait un plaisir de conférer à l'empereur séculier. Sa taille étoit moyenne, sa constitution robuste, et il pouvoit avoir quarante ans. Le prince héréditaire, nommé Jé-Moto, n'avoit encore que douze ans.

La cérémonie étant terminée, les Hollandais obtinrent la permission de visiter les appartemens du palais, et spécialement la salle d'audience. Les appartemens étoient sans meubles, et garnis seulement de larges nattes de paille très-fine. Les portes et les corniches étoient élégamment dorées et vernissées.

On les conduisit après cela au palais du prince héréditaire, dont l'habitation est réunie par un pont aux appartemens impériaux. Ils furent complimentés au nom du prince, et ensuite accompagnés jusqu'à leur norimon.

M. Feith rapporta à M. Thunberg, de la manière suivante, ce qui s'étoit passé.

L'ambassadeur fut mené seul, en suivant un corridor à la salle d'audience. Il y entra par une porte à coulisses, qui se déployoit comme un paravent. Cette salle étoit formée de trois parties élevées chacune d'une marche au-dessus l'une de l'autre, ayant ensemble quarante-cinq pieds de longueur.

L'empereur se tint au fond de la salle, ayant à sa droite le prince héréditaire, tandis que l'ambassadeur demeura à l'extrémité opposée. A droite, s'étendoit un salon de six cents pieds de longueur, et trois cents de largeur, où l'on avoit disposé cent nattes pour les dignitaires de l'empire, les camis ou conseillers d'Etat, et les princes, lesquels y prirent place selon leur rang.

La cérémonie de l'audience fut très-courte. Dès que l'ambassadeur fut entré, trois officiers japonais l'annoncèrent en criant : hollanda capitana (1). A ce signal, l'ambassadeur fut tenu de s'agenouiller, la main droite étendue sur une natte, et le front contre terre. Cela fait, il se releva, et sortit de la même manière qu'il étoit venu, sans prononcer un seul mot.

Kæmpfer observe qu'il ne se passe rien de plus dans les audiences accordées par le coubosama, non-seulement aux Hollandais, mais aux plus grands princes de l'empire. On les appelle à haute voix, par leur nom : ils s'avancent en rampant, et lorsqu'ils

---

(1) Ce mot *capitana* a été emprunté par eux des Portugais, comme nom de dignité.

ont touché la terre du front, ils se retirent de même.

Le jour étoit déjà fort avancé lorsque M. Thunberg et ses compagnons revinrent de l'audience impériale. On ne les laissa pas respirer, quoiqu'il fût assez urgent pour eux de prendre des rafraîchissemens. Il fallut qu'ils visitassent encore, à leur hôtel particulier, six conseillers privés ordinaires et six conseillers extraordinaires. Chaque visite dura une demi-heure : on leur offrit partout du thé et du tabac; on leur donna aussi des pâtisseries auxquelles ils ne touchèrent point, mais qui furent portées chez eux, par les soins prudens des interprètes.

Le lendemain ils firent visite à deux magistrats, qu'on appelle les seigneurs du Temple, aux deux gouver-

Salle d'audience au Palais Impérial.

neurs de la ville, et aux deux commissaires pour les étrangers.

Du temps de Kæmpfer, un autre usage s'étoit établi depuis une vingtaine d'années. L'ambassadeur et sa suite faisoient, après la première audience, une autre visite. A cette occasion, ils étoient conduits plus loin dans le palais, pour donner à l'impératrice, aux princesses et aux dames de la cour, le plaisir de les voir. (*Voyez la planche en regard.*) Dans cette seconde audience, l'impératrice et les dames se tenoient derrière des paravents et des jalousies; les conseillers-d'Etat et les autres officiers de la cour étoient assis à découvert. Voici de quelle manière Kæmpfer a décrit cette scène étrange :

« L'empereur lui-même étoit dans

un lieu si obscur que nous aurions eu peine à l'apercevoir, si sa voix ne l'eût fait découvrir ; il parloit néanmoins si bas qu'il sembloit vouloir garder l'incognito. Les princesses du sang et les dames de la cour étoient vis-à-vis de nous, derrière d'autres jalousies. Je m'aperçus qu'on y avoit mis des cornets de papier entre les cannes, pour élargir les ouvertures, et rendre le passage plus libre à la vue. Je comptai environ trente de ces cornets, ce qui me fit juger que les dames étoient en même nombre.

» Makino-Bingo (conducteur de l'ambassade) étoit assis seul sur une natte élevée, dans un lieu découvert, à notre droite, c'est-à-dire du côté de l'empereur. A notre gauche, dans un autre compartiment, étoient assis les conseillers-d'Etat du premier et du second ordre. La galerie derrière nous étoit remplie des principaux officiers de la cour, et des gentilshommes de la chambre impériale. Une autre galerie qui conduisoit au compartiment de l'empereur, étoit occupée par les enfans des princes, par les pages de Sa Majesté, et par quelques prêtres qui se cachoient le visage pour nous observer. Telle étoit la disposition du théâtre où nous devions jouer notre rôle.

» Notre premier interprète s'assit un peu au-dessus de nous, pour entendre plus facilement les demandes et les réponses ; et nous prîmes nos places à sa gauche, tous à la file, après nous être avancés, en nous traînant et nous prosternant du côté des jalousies de l'empereur.

» Alors Bingo nous dit, de la part de ce monarque, qu'il nous voyoit volontiers. L'interprète qui nous répéta ce compliment rendit aussi la réponse de notre ambassadeur. Elle consistoit dans un très-humble remercîment de la bonté que l'empereur avoit eue de nous accorder la liberté du commerce. L'interprète se prosternoit à chaque explication, et parloit assez haut pour être entendu de l'empereur ; mais tout ce qui sortoit de la bouche du monarque passoit par celle de Bingo, comme si ses paroles eussent été trop précieuses et trop sacrées pour être reçues immédiatement par des officiers inférieurs.

» Après les premiers complimens, l'acte qui suivit cette solennité, devint une vraie farce.

« On nous fit mille questions ridicules. Premièrement, on voulut savoir notre âge et notre nom (1). Chacun de nous reçut ordre de l'écrire sur un morceau de papier, avec une écritoire d'Europe, qu'on nous avoit priés d'apporter pour cette occasion.

» On nous dit ensuite de remettre le papier et l'écritoire à Bingo qui les fit passer à l'empereur, par un trou de la jalousie.

» On demanda alors à l'ambassadeur quelle étoit la distance de la Hollande à Batavia, et de Batavia au Japon, et lequel avoit le plus de pou-

---

(1) On verra dans le tome IV jusqu'à quel point les Japonais poussent la manie des interrogations, et l'on pourra en même temps juger de la véracité de ceux qu'ils obsèdent par tant de questions fatigantes.

voir, du directeur général de la compagnie des Indes, ou du stathouder. »

Les questions que l'on fit particulièrement à Kæmpfer roulèrent sur la médecine, parce qu'on savoit qu'il l'exerçoit avec distinction.

« On me demanda, continue-t-il, si les médecins d'Europe ne cherchoient point quelque remède pour rendre les hommes *immortels*, comme les médecins chinois en faisoient leur étude depuis plusieurs siècles ; si nous avions fait quelque progrès dans cette recherche, et quel étoit le meilleur remède d'Europe pour prolonger la vie.

« Je répondis à cette dernière question, que nos médecins avoient découvert une liqueur spiritueuse qui pouvoit entretenir dans le corps la fluidité des liquides, et donner de la force aux esprits. Cette réponse ayant paru trop vague, on me pressa de faire connoître le nom de cet excellent remède. Comme je savois que tout ce qui est en estime au Japon reçoit des noms fort longs et fort emphatiques, je répondis en latin *le sel volatil huileux de Sylvius* (1). Ce nom fut écrit derrière la jalousie, et on me le fit répéter plusieurs fois.

» On voulut savoir qui étoit l'inventeur du remède, et de quel pays il étoit. Je répondis que c'étoit le professeur Sylvius de Hollande. On me demanda aussitôt si je pouvois le composer:

(1) C'est un cordial propre à exciter la transpiration. Il se compose d'écorce d'orange ou de citron, de vanille, de maïs, de girofle, de canelle, d'esprit de vin, et d'alcali volatil.

sur quoi l'ambassadeur me dit de répondre non ; mais je répondis affirmativement, en ajoutant néanmoins que je ne le pouvois pas au Japon. Interrogé si je le pouvois à Batavia : oui, répondis-je encore ; et l'empereur donna ordre que cette précieuse liqueur lui fût envoyée par les premiers vaisseaux qui viendroient au Japon.

» Ce prince qui s'étoit tenu jusqu'alors assez loin de nous, s'approcha vers notre droite, et s'assit derrière les jalousies, aussi près qu'il lui fut possible. Il nous fit ordonner successivement de nous tenir debout, de marcher, de nous arrêter, de nous complimenter les uns les autres, de sauter, de faire les ivrognes, d'écorcher quelques phrases japonaises, de lire en hollandais, de peindre, de chanter, de danser, de mettre et d'ôter nos manteaux. Nous exécutâmes chacun de ces ordres, et je joignis à ma danse une chanson amoureuse, en allemand. Ce fut de cette manière que nous eûmes la patience de divertir l'empereur et toute sa cour. »

Kæmpfer ajoute ici positivement que l'ambassadeur est dispensé de cette comique représentation, l'honneur qu'il a de représenter ses maîtres le garantissant de propositions aussi injurieuses. D'ailleurs l'envoyé qu'il accompagnoit alors avoit assez de gravité pour faire comprendre aux Japonais que des ordres aussi bouffons lui plairoient peu. Toutefois, notre voyageur convient qu'à son second voyage, l'ambassadeur fut aussi obligé d'ôter son manteau, et de faire l'exercice. L'empereur avoit été si content des Hollandais au premier voyage, qu'en les revoyant pour la seconde fois, il leur fit ordonner, *sans perdre de temps*, d'ôter leurs manteaux, de se tenir debout, de marcher, de tournoyer, de danser, de chanter, de faire les gestes d'hommes qui s'adressent ou des félicitations ou des injures. Il vouloit savoir comment, en Hollande, on s'y prend pour inviter quelqu'un à dîner; comment un père s'entretient avec son fils, ou un mari avec sa femme. On les fit jouer avec des enfans qu'ils portèrent sur leurs bras; on leur fit ôter et remettre leurs manteaux et leurs perruques, etc. etc.

Les Japonais ne croyoient pas avilir les Hollandais, en exigeant d'eux de pareilles complaisances; les courtisans et les principaux personnages en font tout autant pour divertir leur prince, et ne se croient point déshonorés pour cela.

Cette scène finit par un dîner dont Kæmpfer donne la description suivante.

Il y avoit devant chaque convive une petite table, garnie de différens mets, avec de petits bâtons d'ivoire, tenant lieu de cuillers et de fourchettes; savoir :

1°. Deux petits pains creux, parsemés de graines de sésame.

2°. Un morceau de sucre blanc cannellé.

3°. Cinq kainakis confits; ce sont les amandes d'une espèce d'arbre appelé *kai*, lequel ressemble beaucoup à notre amandier.

4°. Une tranche de gâteau carrée et plate.

5°. Deux gâteaux faits de fleur de farine et de miel, en forme d'entonnoir. Cette pâtisserie est bise, épaisse et un peu dure; on trace d'un côté l'empreinte d'un soleil ou d'une rose, et de l'autre côté, le *daïri-tsiap*, c'est-à-dire les armoiries du daïri. Ce sont la feuille et la fleur d'un grand arbre nommé *kaïri*. La feuille ressemble assez à celle du glouteron, et la fleur à celle de la digitale; il y en a plusieurs sur la même tige.

6°. Deux tranches carrées d'un gâteau fait de belle farine de fève et de sucre, d'un rouge brun, et cassant.

7°. Deux tranches d'un autre gâteau de fine farine de riz, jaune et dur.

8°. Deux tranches d'un gâteau dont

la mie étoit d'une pâte entièrement différente de celle de la croûte.

9°. Une mangue (1) énorme bouillie et remplie de farine de pois mêlée de sucre, qu'on auroit prise pour de la thériaque.

10°. Deux petites mangues, apprêtées de la même façon.

Les Hollandais goûtèrent d'un peu de tout ; le reste fut donné au premier interprète, qui l'emporta sur des planches et du papier blanc, et se trouva péniblement chargé.

Les ambassadeurs ont coutume d'employer les jours suivans à visiter les ministres et les principaux conseillers d'Etat. On les reçoit partout avec beau-

(1) Sorte de fruit.

coup de civilité, à cela près qu'ils sont obligés, ainsi que leur suite, de faire une répétition des exercices auxquels on les assujétit devant la cour. Les salles où on les admet sont remplies d'une société nombreuse, et particulièrement de femmes qui les contemplent à leur aise, derrière les jalousies, sans pouvoir être vues.

Quelques ambassadeurs n'ont pas toujours cette complaisance ; mais on leur fait boire avec excès des liqueurs fortes qui leur montent à la tête, et les mettent en belle humeur.

Cette facilité à servir comme de jouet chez les grands, et l'embarras où les Hollandais se trouvoient dans les rues pour se dégager de la foule du peuple, donnent une singulière idée de leur ambassade. Ils doivent bien se réjouir, s'ils sont enfin affranchis de cette humiliante corvée.

Dans une visite que Kæmpfer et son ambassadeur rendirent au seigneur Tsusimano Cami, on leur servit un dîner composé des mets suivans : du poisson bouilli, avec une fort bonne sauce (1); des huîtres cuites, comme des moules, avec du vinaigre, et servies dans la coquille; des oies rôties, découpées en minces aiguillettes; du poisson frit et des œufs durs. La liqueur qu'on leur fit boire étoit exquise. Après ce festin, on souhaita de voir leurs chapeaux, leurs pipes et leurs montres.

Nous n'avons pas cru devoir inter-

---

(1) Apparemment la sauce verte dont parle Golownin.

rompre le récit de ce qui se passe à l'audience impériale, pour expliquer en détail la planche en regard de la page 19.

Le paravent derrière lequel l'empereur assistoit d'une manière invisible à la seconde audience, est au fond de l'estampe ; les dames se tenoient à droite et à gauche. Le docteur Kæmpfer est représenté dansant au milieu de la première estrade ; l'ambassadeur, ses secrétaires et l'interprète sont agenouillés vers la gauche.

# AUDIENCE DE CONGÉ.

## APPARTEMENT INTÉRIEUR DES DAMES.

Le départ des ambassadeurs suit de près leur audience de réception, parce que, dans les cours d'Asie, on ne connoît point l'usage d'une légation permanente. Il étoit très-rare, d'ailleurs, que les Hollandais eussent quelque affaire diplomatique à traiter à Iédo, leur voyage annuel n'étant qu'un objet de forme. Du temps de Kæmpfer, on remettoit à l'ambassadeur une note officielle, portant entr'autres articles, « que les Hollandais n'inquièteroient aucun navire ni bateau, soit des Chinois, soit des îles Likéo; qu'ils n'amèneroient au Japon, dans leurs vaisseaux, aucun Portugais ni aucun prêtre; qu'ils ne violeroient point les prohibitions, et qu'à cette condition un *libre commerce* leur étoit accordé. »

La cérémonie de l'audience de congé est très-courte; elle n'a lieu qu'en présence des conseillers désignés à cet effet. Les jours suivans se passent à donner ou recevoir des présens, et à faire des préparatifs de départ. On donne à l'ambassade, en cette occasion, un grand nombre de belles robes de soie; ce sont les cadeaux destinés à la compagnie des Indes. L'ambassadeur en reçoit ordinairement quatre pour lui; deux autres sont réservées à son secrétaire et à son médecin.

La réception des présens se fait avec toutes les cérémonies minutieuses que prescrit l'étiquette. Des coulis ou porteurs apportent les robes dans de grandes boîtes fermées qu'ils tiennent à deux, quatre, ou huit sur leurs épaules. Un homme porte une grande planche vernie sur laquelle les robes doivent être étalées dans l'hôtel de l'ambassadeur. Un autre est chargé de la lettre de *fortune;* cette lettre est une grande feuille de papier entourée d'un nombre impair de liens de soie de différentes couleurs, et quelquefois dorés ou argentés. Il y a dans la lettre même un assemblage de cordons plats, entrelacés par un bout, de manière à imiter le caractère hiéroglyphique chinois qui, dans la langue écrite du Japon, comme dans celle de la Chine, signifie *bonheur suprême.*

Le banjo qui offre les présens, commence par présenter la lettre de fortune devant laquelle l'envoyé hollandais doit se prosterner quatre fois; celui-ci, en signe d'acceptation, a soin de mettre le bout d'une des robes sur sa tête.

Les présens particuliers des principaux courtisans et des ministres sont offerts avec un cérémonial à peu près semblable. Celui qui offre les robes, étant entré dans l'appartement de l'ambassadeur, s'assied à quelque distance en face de lui, et dit :

« Le seigneur, mon maître N....,

vous félicite d'avoir obtenu de S. M. I. votre audience de congé par un *beau temps ;* ce qui est *médithé*, c'est-à-dire d'un heureux augure ; vos présens lui ayant été fort agréables, il souhaite que vous acceptiez en échange ce petit nombre de robes. »

On voit par un mot de cette harangue, que la circonstance du *beau temps* est aussi d'étiquette ; et l'on a soin de choisir en conséquence, pour l'audience de congé, un jour où le ciel est serein. Mes lecteurs remarqueront plus loin que M. de Résanoff eut une de ses audiences à Nangasaki par un temps affreux, et le choix d'un tel jour étoit peut-être fait à dessein pour annoncer d'avance le mauvais succès des négociations.

Le porteur des présens remet, après

avoir fini sa harangue, une énorme feuille de papier contenant en gros caractères la liste des robes et l'indication de leur couleur. En signe de respect, l'ambassadeur met sur sa tête cet étrange catalogue.

L'ambassadeur répond ensuite, après avoir fait une profonde inclination : « Je remercie très-humblement le seigneur votre maître des soins qu'il a pris, afin de nous procurer une audience prompte et favorable. Je le supplie de vouloir bien continuer ses bons offices aux Hollandais. Je le remercie, en mon particulier, de son inestimable présent, et je ne manquerai point d'en informer mes *maîtres* à Batavia. »

Ainsi, la fierté républicaine des Hollandais d'alors se courboit jusqu'à donner aux directeurs d'une compagnie de commerce un titre qui n'appartient qu'à la souveraineté. Il est vrai qu'ils faisoient tous leurs efforts pour présenter leur stathouder comme un monarque absolu ; et dans leurs relations diplomatiques, ils ne le qualifioient pas autrement que *roi de Hollande*.

Jusqu'à ce que les complimens qu'on vient de lire aient été prononcés, on n'entend pas d'autre parole. Les spectateurs restent les uns assis, les autres à genoux dans un profond silence. Une plus grande intimité s'établit ensuite ; la conversation s'engage ; on fume, on prend du thé et de l'eau-de-vie d'Europe.

Le rétour des Hollandais, de Iédo à Nangasaki, se fait par la même route qu'ils ont suivie à leur arrivée. On connoîtra peut-être un jour, et beaucoup mieux que par de simples descriptions, tous les détails de cet itinéraire. M. Titzing, qui a fait nombre de fois le voyage, a légué à l'Angleterre de précieux dessins sur de longs rouleaux représentant tous les villages, toutes les maisons, et jusqu'aux arbres qui se trouvent sur les bords du chemin. Ces dessins, exécutés avec goût et même avec luxe, serviront beaucoup à fixer les idées sur la géographie physique du Japon.

Les précédens voyageurs fournissent peu de détails sur les mœurs de Iédo, parce que les envoyés hollandais y vivoient enfermés, ou très-rigoureusement surveillés, pendant le court espace de leur séjour.

Ni Kæmpfer, ni Thunberg, ne

*Dame de qualité recevant une marchande*

parlent de la vie intérieure des femmes, parce qu'ils n'ont jamais été présentés aux épouses des grands.

Nous avons eu le bonheur de nous procurer des peintures originales japonaises, qui sont pour la première fois reproduites dans notre ouvrage par la gravure ; on a représenté ici (*Voyez la planche en regard*) une partie des objets d'ameublement dont l'intérieur des appartemens est garni.

On voit sur la droite de cette estampe une marchande de modes qui a apporté dans une boîte carrée divers échantillons d'étoffes ou d'autres marchandises, et les offre à la maîtresse de la maison, femme d'un des principaux *camis* de la cour. Celle-ci se distingue par les *armoiries* brodées sur la *simarre*, ou partie supérieure de ses vêtemens. Les armoiries japonaises ne consistent pas, comme les nôtres, en petites pièces de blason distribuées symétriquement sur les diverses parties d'un écusson. La plupart du temps, ce sont de simples palmes rapprochées en rond ou en ovale.

Nous reviendrons ailleurs sur le costume des dames et des demoiselles; nous nous bornerons ici à faire remarquer la manière dont on prépare le thé.

Un vaste bassin de bronze, soutenu sur trois pieds à tête et à griffe de lion, est placé dans un des angles de l'appartement. On met assez ordinairement au-dessous un crachoir de porcelaine, ustensile indispensable pour la propreté des appartemens, dans un pays où les femmes elles-mêmes ont coutume de fumer. Le bassin de cuivre est rempli d'un sable très-fin qu'on fait ordinairement chauffer d'avance. Au milieu est un gril et du charbon pour faire bouillir la théière ; dès que l'eau est en ébullition, la théière est mise sur le côté, dans une espèce de bain de sable, pour qu'elle ne se refroidisse pas.

On remarque vers le milieu de la même estampe, à la gauche de la dame de qualité, une petite table basse de la même espèce que les tables à manger. C'est un plateau de bois verni avec de larges bords relevés pour empêcher l'écoulement des liquides qui viendroient à déborder des tasses ou des soucoupes. Au milieu du plateau, est un disque élevé de quelques pouces, servant de support, soit à la théière, soit à une jatte de porcelaine, soit à tout autre vase.

C'est ainsi qu'on en use chez les grands dans les assemblées où les hommes seuls sont admis. Dans un autre chapitre, on fera connoître quelques particularités sur le thé du Japon, et la manière dont on en prépare les différentes espèces.

# HISTOIRE ANCIENNE

## DU JAPON.

## FORME DU GOUVERNEMENT.

La monarchie a toujours été la forme d'administration de cet empire. On divise ses princes, comme les rois de France, en rois, races ou dynasties; mais l'histoire des deux premières races est presque entièrement fabuleuse : c'est seulement à la troisième race, six cent soixante ans avant Jésus-Christ, que commencent les annales régulières du Japon.

Les habitans ont une tradition bizarre sur la manière dont leur pays a reçu les premières lumières de la civilisation. Ils disent qu'un empereur de la Chine, déplorant la brièveté de la vie humaine, et désirant trouver, au moins pour lui-même, quelque breuvage qui le garantît de la mort (1), envoya, à cet effet, d'habiles médecins dans toutes les parties de l'univers.

Un de ces savans, las de vivre sous un tyran, profita de l'occasion pour sortir de la Chine, et n'y plus revenir.

---

(1) Voyez, dans mon ouvrage sur la Chine, ce qui a été dit de la secte des tao-tzées.

Il prétendit avoir découvert que les ingrédiens nécessaires pour le breuvage d'*immortalité* se trouvoient dans les îles voisines, mais c'étoient selon lui, des plantes d'une organisation si délicate, que, pour les cueillir, il falloit des mains pures et des personnes irréprochables : sans quoi, elles perdroient toute leur vertu.

Le prince chinois ne fit pas difficulté d'accorder au médecin trois cents jeunes hommes, et autant de jeunes filles, sur lesquels il lui remit toute son autorité. Le médecin aborda, avec ses compagnons, dans les îles japonaises, leur expliqua son projet d'y former une colonie ; et, ses vues ayant été unanimement acceptées, la population prit un accroissement rapide.

Cet événement, suivant la chronologie des Japonais comparée avec celle des Chinois, eut lieu quatre cent cinquante-trois ans après l'avènement de la dynastie actuelle, c'est-à-dire deux cent sept ans avant Jésus-Christ. Ils montrent, sur les côtes méridionales, l'endroit où les Chinois abordèrent, le canton qui fut le berceau de leur colonie, et les vestiges d'un temple élevé à la mémoire du bienfaiteur du Japon, du savant qui y apporta les sciences, les arts et la politesse de la Chine.

Les deux premières races des empereurs japonais furent des demi-dieux, auxquels on attribue les actions les plus étranges. Le dernier de ces héros fut le père de Syn-Mu; celui-ci, chef de la dynastie actuelle des daïnis, commença à régner l'an 660 avant l'ère chrétienne. Quoiqu'il fût alors dans un âge fort avancé, puisque les historiens japonais lui donnent soixante-dix-huit ans, son règne fut long et paisible. Ce fut Syn-Mu qui ébaucha la civilisation de ses sujets, avant que leurs communications avec la colonie chinoise les eussent entièrement policés. Il devint surtout l'auteur et le chef de la religion; et le caractère de souverain pontife s'est perpétué dans ses descendans. Quelques auteurs le nomment *Zin-moi-ten-o*; les deux dernières syllabes sont l'addition d'un titre au nom de *Syn-Mu*, que lui donnent les écrivains portugais et les jésuites. *Ten-o*, ou *nin-o*, signifie *le plus grand des princes*. On donnoit aussi à Syn-Mu le surnom de *Mikaddo*, ou de *Mikotto*, qui désignoit plus particulièrement les princes des deux premières races. Ce surnom fait encore partie des titres des souverains ecclésiastiques.

L'histoire complète des daïris existe en idiôme japonais à la Bibliothèque royale de Paris, et n'a pas été traduite. Elle a été composée, en 1652, par Foyen-Siun-Say-Riensio, d'après les ordres du prince de Nakassa, nommé *Zinzifon-Sa-Ziosio*, et distingué par la protection qu'il accordoit aux lettres.

Le règne de Syn-Mu et les douze suivans sont encore remplis d'aventures fabuleuses. On y remarque, dit un de nos écrivains (1), comme dans presque

(1) M. Malte-Brun, savant géographe, annonce dans ses *Annales des*

tous les commencemens historiques des peuples d'Asie, une espèce de *Sémiramis*, qui, par ses victoires et ses conquêtes, éclipsa la gloire des rois les plus puissans.

L'héroïne du Japon a fait la conquête de la Corée. Elle portoit un costume qui, d'un côté, la faisoit paroître homme, et de l'autre, femme.

Dès que l'histoire japonaise cesse de parler de conquêtes et de prodiges, elle prend le caractère d'une chronique monotone. Quelques récits de

---

*Voyages* que cette histoire, sous le titre de *Nipo-O-Day-Ltieran*, a été traduite en manuscrit par M. Titsing, en hollandais, en français et en anglais. Chacun des sept livres qui la composent est suivi de notes relatives aux principales difficultés historiques et géographiques.

révoltes ou de vastes incendies en interrompent seuls l'uniformité. On y tient note des ouragans remarquables, et l'on ne manque pas de les attribuer, au courroux soit de quelque mauvais génie, soit de l'âme de quelque grand guerrier, ou d'un prince défunt, que l'on s'empresse d'apaiser par des sacrifices, ou par la fondation d'un temple.

Les mêmes Annales font connoître que les occupations et les amusemens des daïris différoient peu du genre de vie que menoient[1], en France, les rois fainéans de la seconde race. Dans un tel mois, dit l'histoire, le daïri se rendit à sa maison de campagne, afin de *contempler les fleurs*.

Cette vie innocente, mais oisive et languissante, devoit naturellement exciter des projets ambitieux. Les soins de l'administration militaire étoient remplis par le chef de la milice désigné par le titre de *coubo*. C'étoit ordinairement le second fils de l'empereur, ou un autre prince de son sang, en qui reposoit toute sa confiance.

Les coubos, de même que les maires du palais, usurpèrent peu à peu l'autorité; mais, contens de régner de fait, comme notre Charles-Martel, on ne les vit point, comme Pepin, renverser entièrement la dynastie régnante, et en disperser les princes. Ils n'auroient pu dépouiller les daïris de leur caractère sacré, sans fouler aux pieds la religion du pays, et sans s'exposer à une réaction funeste. Ils prétextèrent l'incompatibilité des fonctions ecclésiastiques et des devoirs qui y sont attachés, avec l'autorité temporelle et la vie toute guerrière d'un souverain, appelé à combattre tant d'ennemis intérieurs et extérieurs.

Ce fut, en effet, à l'occasion d'une guerre civile que Joritomo, l'un de ces officiers redoutables, secoua le joug, et, prenant le titre et l'autorité de généralissime, réduisit presque à rien le pouvoir du daïri. C'est du fils de Joritomo, qui portoit le même nom, que commence l'histoire des empereurs coubos ou ziogoens; car ils ont l'un et l'autre titre.

Cette révolution fut, comme il est trop ordinaire, cimentée par une longue effusion de sang. Les partisans des daïris résistèrent avec énergie à cette fatale invasion de la puissance militaire; et, comme ils rattachoient à eux tout ce qui tenoit à la religion antique du pays, la lutte fut longue et opiniâtre. Les seigneurs japonais, qui avoient alors des fiefs et des vassaux, comme les *leudes* et les *barons* du moyen âge, perpétuèrent les guerres civiles. Ces seigneurs, sous le nom de *jakatas*, soutenoient leur indépendance. Ils avoient de grands vassaux nommés *konikus*, et ceux-ci, des seigneurs subalternes, appelés *tonos*.

L'histoire des premiers ziogoens est un tissu d'horreurs et d'atrocités. Les rebelles, ou ceux qu'ils condamnoient comme tels, étoient, les uns cuits à petit feu, sur des charbons ardens, les autres tenaillés par les bourreaux qui versoient du cuivre fondu dans leurs plaies.

Le neuvième ziogoen offre l'exemple du plus honteux abrutissement. Il changeoit de femme chaque nuit, et se livroit aux plus avilissantes débauches. Ses excès en tout genre ruinèrent à tel point sa santé, qu'il ne pouvoit contenir ses urines. Obligé un jour d'aller en procession à un temple voisin, il fit construire sur la route trois lieux d'aisance pour son usage. Cette précaution ne sauva cependant pas au ziogoen le déshonneur de lâcher de l'eau dans l'enceinte sacrée.

Les ziogoens qui lui succédèrent parvinrent à affoiblir graduellement l'autorité des jakatas. La chute de ces grands vassaux de la couronne entraînoit la ruine de tous ceux qui avoient suivi leur fortune. D'après les lois du Japon, toute la famille d'un criminel ou d'une personne disgraciée participe à son châtiment.

Au seizième siècle, un des empereurs séculiers acheva, par la force des armes, la soumission des jakatas ; et plus de la moitié de l'empire relève aujourd'hui immédiatement du souverain.

On distingue donc au Japon deux empereurs : l'un, le daïri ou suprême pontife, l'autre que nos voyageurs appellent monarque séculier, et que les Japonais nomment ou *Ziogoen*, ou *coubo*, ou même *coubosama*, en y ajoutant une épithète honorifique.

En effet, le mot *sama*, chez les Japonais, correspond à celui de *seigneur*. Il se place, non pas au-devant des noms ou prénoms, mais à la suite, comme dans *Wechara-Sama* et *Teske-Sama*.

*Tento-Sama*, nom de la divinité, signifie *Seigneur du Ciel*.

*Coubo-sama* exprime par conséquent l'idée de seigneur-empereur.

Le daïri, ou prince ecclésiastique, s'appelle *kin-ray-sama*; le nom de sa dynastie est *Kin-Ray*.

On dit aussi *obanjo-sama* pour *monseigneur le gouverneur*; mais cette épithète ne s'adjoint pas au nom des autres charges : on ne diroit point *giumiyagou-sama* en parlant des lieutenans de gouverneurs, qui se nomment *giumiyagou*. Dans la conversation avec une personne qu'on rencontre, on se sert habituellement du mot *sama* ou seigneur. Il faut remarquer ici que la prononciation du mot *Sama* est toujours la même, mais que la manière de l'écrire varie suivant la dignité que l'on veut exprimer.

C'est ainsi que dans la langue anglaise les mots *sir* (monsieur) et *sire* (titre de tête couronnée), ont presque la même orthographe pour les yeux, mais une prononciation très-différente.

Le cubosama (empereur séculier) est le chef de l'empire : c'est lui qui nomme les gouverneurs de chaque province. Les principaux gouverneurs sont appelés princes ou *damios ;* le titre de *siomib* est donné à ceux d'un rang inférieur.

Si un gouverneur se rend coupable de quelque crime, l'empereur prononce sur son sort, le destitue, le relègue dans une île presque déserte, ou même lui fait infliger la peine capitale. Les princes sont tenus de faire chaque année un voyage à la cour, d'y passer six mois, et d'y laisser leur famille en otage.

# COUR DU DAÏRI,

OU

## EMPEREUR ECCLÉSIASTIQUE.

Outre le monarque séculier, il existe, comme on l'a dit plus haut, un empereur ecclésiastique dont le pouvoir est désormais restreint aux seules affaires du culte. On lui donne le nom de daïri et le surnom de mikkado. Il tire, en ligne directe et non interrompue, son origine des anciens maîtres absolus du pays qui y ont régné pendant plus de deux mille ans.

Méaco est le séjour fixe de ce souverain dégradé. Il occupe dans la partie nord-est de la ville un palais d'une immense étendue. Sous prétexte de veiller à sa conservation, le coubo entretient constamment une forte garnison pour le garder.

Le daïri, à proprement parler, ne possède aucun domaine ; mais le coubo pourvoit noblement à sa subsistance. Il lui abandonne le revenu de Méaco et de ses dépendances, et lui fournit encore une forte somme tirée du trésor impérial, afin de fournir amplement aux besoins de ce souverain pontife et de sa cour.

Les charges ecclésiastiques étant vénales, et le daïri ayant le pouvoir de vendre des titres d'honneur à l'empereur séculier lui-même, c'est une autre source considérable de revenus.

Les conseillers qui, avec le daïri, prononcent sur les différens en matière religieuse, ont le titre de *Kungis*. Souvent ils se rendent dans les provinces éloignées en qualité de commissaires extraordinaires pour exécuter les sentences des daïris.

La politique des Ziogoens a soigneusement maintenu en faveur du daïri un culte religieux qui approche des honneurs divins, et le dédommage de son défaut de participation aux affaires publiques.

Le daïri, descendant des dieux ou demi-dieux, est regardé lui-même comme un représentant visible de la divinité. Sa personne est sacrée non-seulement dans l'opinion des autres hommes, mais aux yeux du daïri lui-même. Il croiroit profaner sa sainteté s'il touchoit seulement la terre du bout du pied : jamais il ne passe d'un lieu à un autre sans être porté sur les épaules de ses domestiques ; jamais il ne s'expose au grand air ni à la lumière du soleil qu'il ne croit pas digne (suivant Kæmpfer) de luire sur sa tête.

Telle est la sainteté des moindres parties de son corps, qu'il n'ose se couper ni les cheveux, ni la barbe, ni les ongles ; on lui retranche ces superfluités pendant son sommeil ; il semble que l'office qu'on lui rend alors soit une espèce de vol.

Autrefois le daïri étoit obligé de se tenir assis sur son trône pendant quelques heures de la matinée, avec la couronne impériale sur la tête, et de s'y tenir dans une parfaite immobilité, qui passoit pour un augure de la tranquillité de l'empire. Si, par malheur, le saint personnage s'agitoit, ou remuoit seulement les yeux, c'étoit le signe de quelque désastre pour la contrée vers laquelle il avoit fait ce mouvement involontaire. Si l'agitation étoit plus violente, on s'attendoit, pour l'empire entier, à la guerre, à la famine, aux plus terribles fléaux.

Il est probable que les daïris eux-mêmes ont trouvé ce joug trop importun, et ils l'ont secoué. On se contente de laisser la couronne impériale sur le trône, sous prétexte que, dans cette situation, son immobilité, beaucoup plus certaine, produit les mêmes effets.

Semblable aux anciens empereurs

du Mexique, le daïri se fait servir ses repas dans des vases tout neufs. La vaisselle est d'une extrême propreté, mais commune, afin qu'on puisse, sans une dépense excessive, briser tous les jours tout ce qui a paru sur sa table. Les Japonais sont bien persuadés que l'on verroit s'enfler aussitôt la bouche et la gorge de quiconque auroit osé manger dans cette vaisselle respectable.

Les habits du daïri ne sont pas l'objet d'une moindre vénération; celui qui les porteroit sans sa permission expresse seroit puni par une paralysie soudaine, ou par une enflure douloureuse.

Aussitôt que le suprême pontificat est devenu vacant par la mort d'un de ces monarques imaginaires, la cour ecclésiastique y élève son héritier le plus proche, sans distinction d'âge ni de sexe. On y a vu souvent des princes mineurs, ou de jeunes princesses qui n'étoient pas mariées; quelquefois même la veuve du daïri s'est trouvée assez proche parente pour lui succéder.

S'il y a plusieurs prétendans à la couronne, dont les droits se trouvent douteux, on termine le différent avec beaucoup de douceur et de justice, en faisant régner tour à tour chacun des compétiteurs pendant un certain nombre d'années, proportionnellement au degré du sang. Quelquefois même le père résigne successivement la couronne à plusieurs de ses enfans, pour donner à chacune de leurs différentes mères le plaisir de voir le sien sur le trône (1).

Tous ces changemens se font avec un secret impénétrable. Un daïri, de même qu'un ziogoen, peut mourir ou abdiquer sans que le public en soit instruit, jusqu'à ce que la succession soit réglée.

Cependant, on a vu quelquefois des prétendans exclus du trône revendiquer leurs droits par la force des armes, et il en est résulté des guerres

---

(1) Nous prenons ces détails dans Kæmpfer, en avouant qu'un pareil mode de succession est fort étrange, et, dans beaucoup de cas, impraticable. La traduction de l'Histoire des Daïris, par M. Titzing, pourra seule donner sur ce point des éclaircissemens nécessaires, en offrant des faits et des exemples.

sanglantes qui ne se sont terminées que par le massacre du vaincu et de toute sa famille.

Le daïri, suivant l'usage de ses prédécesseurs, prend douze femmes légitimes. Il partage les honneurs du trône avec celle qui a mis au jour *le prince héréditaire* (1). Les cérémonies du mariage, celles qui suivent l'heureuse délivrance de la princesse, et le choix d'une nourrice sont d'après les expressions de Kæmpfer, d'une splendeur qui surpasse l'imagination.

L'habillement du daïri est assez

---

(1) Quel est le prince héréditaire? Est-ce le mâle premier né? On est porté à le croire; mais ce qu'a dit plus haut Kæmpfer est en contradiction formelle avec cette idée.

simple; c'est une tunique de soie noire, sous une robe rouge, et par-dessus une simarre de crêpe de soie d'une finesse extrême. Le bonnet ou chapeau est de forme conique comme celui du grand lama, et garni également de fanons (1) semblables à ceux de la mitre d'un évêque, ou de la tiare du pape.

D'ailleurs il affecte une magnificence qui va jusqu'à la profusion. Chaque jour on lui prépare un souper somptueux dans douze appartemens du palais, et lorsqu'il a déclaré celui dans lequel il veut prendre son repas, tout cet appareil est réuni sur une seule table. Le repas a lieu au son

(1) Voyez *la Chine en Miniature*.

d'une musique à grand orchestre, et plus bruyante qu'harmonieuse.

Tous les courtisans du daïri se vantent d'être descendus, comme lui, de *T'en-sio-dsin*, le chef de la seconde race. Quelques-uns d'entre eux possèdent de riches bénéfices où ils se retirent pendant plusieurs mois de l'année.

La plupart ne s'éloignent pas de la personne sacrée de leur souverain, et se divisent en six classes.

La première classe est celle des *daï-jéo-daï-sin*, qui ont le privilége après leur mort de devenir en quelque sorte demi-dieux; mais elle est fort peu nombreuse, et presque toujours le daïri se réserve ce titre à lui seul ou à l'empereur séculier avec la dignité de *quanhou'-kou*, laquelle désigne la charge de premier officier de la cour ecclésiastique.

La seconde classe se compose seulement de trois officiers, le *sa-daï-sin*, l'*ou-daï-sin*, et le *naï-daï-sin*.

La troisième classe comprend le daï-najon et le tsunajon, qui remplissent diverses fonctions spirituelles.

Les quatrième et cinquième classes sont très nombreuses, et se subdivisent en plusieurs ordres. On qualifie tous ces dignitaires de *tensio-bito*, c'est-à-dire d'hommes du ciel.

La sixième classe renferme également des titres très-variés.

Il est deux titres que le coubo a droit de conférer aux premiers ministres et aux princes de l'empire. Ce sont ceux de *makendairo* et de *cami*. Le premier, anciennement héréditaire, correspond à nos titres de duc ou de comte, et le mot *cami* à celui de baron. Ces titres ne se placent pas devant, mais après le nom de la personne.

Le mot *cami* prononcé de la même manière signifie une âme déifiée après la mort, et en général une divinité. Mais on l'écrit avec des caractères très-différens de ceux qui appartiennent à ce mot quand il désigne de simples fonctions civiles.

Les courtisans ecclésiastiques désignés généralement sous le titre de *kungis*, qui les distinguent des *gegis* ou laïques, sont habillés d'une manière différente, selon la classe dont ils font partie. Ils portent de larges et longues culottes d'étoffe fine et rayée. C'est le costume de cérémonie des seigneurs

Deux Japonais
en habits de cérémonie.

laïques eux-mêmes quand ils sont décorés du titre de camis. De chaque côté de la poitrine et sur le dos, sont les armoiries particulières des courtisans. (*Voyez la planche en regard; c'est le même personnage vu par devant et par derrière.*)

Quand les *kungis* sont en robe, ils ont cette partie de leur habillement d'une longueur et d'une largeur extraordinaires, avec une longue queue traînante.

Ils se couvrent la tête d'un bonnet noir, dont la figure désigne leur rang ou leur emploi. Quelques-uns y attachent une large bande de crêpe noir ou de soie qui retombe sur leurs épaules, et d'autres une pièce en forme d'éventail qui retombe devant leurs yeux. Quelquefois ils ont une espèce de petit schall ou de fichu qui descend des deux côtés sur la poitrine.

Les dames de la cour du daïri ont aussi un costume très-différent de celui des autres femmes de qualité. (*Voyez la planche en regard.*) Les douze femmes du souverain pontife ont des robes sans doublure, et d'une largeur si singulière, qu'elles n'ont pas peu d'embarras à marcher dans leurs habits de cérémonie. Au surplus, cette ampleur de vêtemens n'est pas à comparer avec la gêne qu'éprouvoient autrefois les Françaises dans leurs paniers ou vertugadins.

L'étude et les sciences sont le principal amusement de cette cour. Non-seulement les courtisans, mais plusieurs de leurs femmes se sont acquis

*Dame Japonaise en habits de cérémonie.*

de la renommée par divers ouvrages d'esprit.

Les almanachs se faisoient autrefois à la cour du daïri ; depuis, un habitant laïque, de Méaco, les rédigeoit sous la réserve de l'approbation d'un kungi ; nous dirons ailleurs les progrès qu'a faits l'astronomie dans Iédo même.

La musique est particulièrement goûtée dans cette même cour, et les femmes des kungis excellent à jouer de toutes sortes d'instrumens.

Les jeunes gens s'y appliquent à tous les exercices qui conviennent à leur âge. Ni Kæmpfer, ni Thunberg ne peuvent assurer si l'on y donne des représentations dramatiques. Mais la passion des Japonais pour le théâtre ne permet guère de croire que l'on se prive de ces divertissemens dans une cour composée, il est vrai, de graves ecclésiastiques, mais où l'on doit aimer à voir reproduire sur la scène les exploits des héros dont tous se font gloire de descendre.

---

# VISITE

## DU COUBO AU DAÏRI.

Tous les cinq ou six ans, l'empereur séculier fait une visite solennelle au daïri, mais elle ne lui est jamais rendue. On emploie une année entière aux préparatifs.

Une partie des seigneurs qui sont nommés pour le voyage de Méaco, précèdent de quelques jours le cortége impérial, dont les conseillers d'Etat font nécessairement partie; les autres ne se mettent en route que quelque temps après.

La distance de Iédo à Méaco étant de cent vingt-cinq milles, on la partage en vingt-huit stations où se trouvent autant de logemens avec de nouveaux officiers pour servir le prince, des détachemens de troupes, des chevaux frais, et des vivres en abondance. C'est ainsi que le coubo se met à la tête d'une armée, sous prétexte de rendre hommage au prince ecclésiastique, dont il est réellement le maître.

Les courtisans et les corps de troupes échelonnés d'avance sur la route grossissent le cortége à mesure qu'il s'approche de Méaco, et là il se trouve si nombreux que cent mille maisons ne suffisent pas pour le contenir ; il faut dresser des tentes hors de la ville.

Montanus fait un récit pompeux

du cérémonial qui eut lieu à une de ces visites, précisément à l'époque du retour d'une légation hollandaise, à Méaco.

C'étoit en 1650; l'empereur très-pressé de faire sa visite au daïri, expédia promptement les ambassadeurs hollandais, mais ne prit pas le temps de donner audience à ceux de Siam et de Portugal. Les principaux ministres conseillèrent à l'envoyé hollandais, au lieu de passer par Firando à son retour, d'aller à Méaco, et d'y attendre l'entrevue des deux empereurs.

L'ambassadeur loua une maison et des fenêtres sur le passage du cortége qui fut vraiment magnifique. Les rues que le coubo devoit traverser étoient couvertes de sablon très-blanc et de talc réduit en poudre, et l'on eût dit qu'elles étoient pavées en argent. On avoit tendu le long des maisons des cordeaux où les soldats formoient une double haie pour contenir une incroyable multitude. Les rues étoient si encombrées le jour et la nuit, qu'à peine y pouvoit-on respirer : tous les comestibles se vendoient sur la bonne foi des marchands, qui n'avoient pas le temps de peser ni de mesurer.

Au point du jour, la marche fut ouverte par une troupe nombreuse de domestiques de l'un et l'autre empereur.

Ceux du daïri portoient dans de grandes caisses vernissées aux armes du coubo les présens qui lui étoient destinés. Les dames d'honneur de la cour du daïri venoient ensuite dans quarante-six norimons. Chacune de ces chaises, de bois verni et d'une blancheur éblouissante, étoit portée par quatre hommes. Vingt-un autres norimons contenoient autant de dames d'un rang moins considérable; ils étoient bruns, et un peu moins riches que les précédens.

Vingt-sept officiers du daïri, chacun dans une chaise à porteurs, accompagnés d'un grand nombre de valets habillés de blanc, ainsi que les porteurs, venoient après les dames. On remarquoit à chaque norimon un grand parasol de soie blanche richement brodé en or.

Ils étoient suivis de vingt-quatre officiers à cheval, coiffés de petits bonnets bruns vernis, en forme de coquille, et à plumet noir. Leurs habits étoient de satin ou de brocart ; ils portoient au côté deux sabres à poignée et fourreau de vermeil, et à la ceinture un carquois rempli de flèches. Les chevaux étoient petits, mais pleins de feu et bien dressés, avec des selles très-élégantes et des housses de peau de tigre. On adapte en cette occasion aux oreilles des chevaux deux petites cornes dorées, et ils ont les crinières tressées avec des fils d'or et d'argent. Les chevaux n'étant pas ferrés au Japon, mais ayant, comme on l'expliquera plus loin, des chaussures de paille de riz, ceux de ces seigneurs avoient le sabot enveloppé d'un tissu de soie rouge écrue. Deux hommes tenoient les rênes de chaque cheval, et portoient en même temps un parasol de drap fin cramoisi, doublé d'une toile fort déliée, et bordé d'une belle frange. Chaque cavalier étoit suivi de huit valets vêtus de blanc.

Après cette troupe de cavaliers venoient trois carrosses tirés par deux grands taureaux noirs, couverts d'un réseau de soie cramoisie, et menés chacun par quatre valets. Une profusion de dorures régnoit sur un fond brun verni. Le cercle des roues étoit de vermeil, et les rayons couverts d'or émaillé. Ces trois voitures étoient celles des trois femmes favorites du daïri. On prétend que la valeur de chaque carrosse étoit de quatre à six cents mille francs. Dans vingt-trois norimons qui marchoient ensuite se trouvoient les concubines du daïri, ou d'autres femmes de la cour.

Nous ne décrirons pas le costume de quantité d'autres seigneurs qui venoient ensuite, et qui précédoient les carrosses du coubo et de son fils. Ces deux voitures étoient d'une somptuosité impossible à exprimer; elles étoient escortées, chacune, de deux cent soixante *sambreys* ou gardes-du-corps appartenans aux principales familles de l'empire.

Huit vieillards vénérables précédoient immédiatement le carrosse de l'empereur; armés de grands bâtons d'ébène ou de baguettes de fer, ils faisoient faire place.

Après les carrosses du coubo venoient les frères de l'empereur, suivis de soixante quatre princes tributaires ou gouverneurs de province, et de plusieurs corps de troupes.

Le daïri parut enfin : il étoit assis dans un norimon d'une magnificence extrême, surmonté d'une coupole et d'un coq d'or massif, les ailes déployées. Le fond des panneaux étoit d'azur, il représentoit le ciel avec le soleil et les étoiles en or. Cinquante seigneurs vêtus de longues robes blanches, et coiffés de bonnets vernis, portoient sur leurs épaules le saint personnage. Derrière le norimon étoient quarante gardes du corps, le casque en tête, tenant d'une main une masse d'armes en vermeil, et de l'autre un bouclier avec un faisceau de flèches. Un corps de troupes considérable fermoit la marche.

Il étoit presque nuit avant que le cortége eût défilé, et l'on vit alors une confusion inexprimable.

Toutes les personnes qui étoient dans les maisons descendirent en même temps dans la rue, et la foule devint si considérable, qu'il y en eut un très grand nombre étouffées, écrasées ou estropiées.

« Tous ces maux, dit Montanus, dans son style naïf, se *rengrégèrent* par l'insolence de la cavalerie qui, sous prétexte de tenir le passage libre, renversoit et fouloit aux pieds tout ce qui se trouvoit, si bien que les rues ruisseloient de sang. A cette cruauté, ceux qui se sentoient trop pressés en ajoutoient une autre qui est, qu'ils tiroient les sabres de leurs voisins, et en frappoient sans distinction, à tort et à travers, de telle sorte que plusieurs blessés tomboient à terre; sur ceux-là, il en tomboit d'autres, sur lesquels ceux de derrière qui avançoient toujours, tomboient encore; ce qui produisoit une confusion, une désolation et un carnage qui faisoient horreur et pitié.

» Les esprits échauffés s'acharnèrent de telle sorte, qu'on les eût plutôt pris pour des gens assemblés à dessein de se massacrer, que pour voir l'entrée de leur empereur. L'air retentissoit des gémissemens des mourans et des blessés. Ceux qui en réchappoient pleuroient, les uns la perte de leurs femmes qui avoient péri dans la foule, d'autres leurs maris écrasés sous les pieds des chevaux; outre une infinité de vieillards et d'enfans qui n'avoient pu se tirer de la presse.

» Ainsi ce jour-là fut plutôt un jour

de tristesse et de deuil, que de plaisir et d'alégresse.

» L'insolence devint telle, que plusieurs des litières qui avoient été de la fête, furent pillées et enlevées sans nul respect. Les princes et les *rois* (1) même furent insultés, et furent aussi bien que les autres, exposés à la rage d'une populace effrénée. »

Le coubo logeoit dans le château qui lui est réservé à Méaco, et dont nous avons parlé dans un des chapitres du premier tome de cet ouvrage. Le daïri alla le voir, et resta trois jours dans ce palais. Il y fut servi pendant tout ce temps par le monarque, par son fils

(1) Les princes tributaires, ou grands vassaux de la couronne.

et par ses frères, avec les marques de la plus profonde vénération. Les princes ne dédaignoient point de surveiller eux-mêmes la préparation des viandes et des mets que l'on servoit à chaque festin au nombre de cent quatorze plats.

Les premiers ministres du coubo servoient à table les trois femmes du daïri; ce dernier reçut lui-même du fils de l'empereur séculier, un présent de trois mille lingots d'argent, de deux sabres, à fourreau d'or massif, de deux cents robes de damas à figures, de trois cents pièces de satin de douze milliers pesant de soie écrue, de cinq grand vases d'argent remplis de musc, et de dix superbes chevaux avec des housses en broderie d'un prix inestimable. Le secrétaire reçut un cadeau de trois cents barres d'argent, et de vingt robes de chambre fort belles.

L'empereur fit aussi des présens; mais leur valeur étoit moins considérable, par politique sans doute, et afin qu'il ne parût point acquitter un tribut. Le prix en est vraisemblablement proportionné aux cadeaux qu'il reçoit du daïri lui-même, tandis que le prince héréditaire obtient peut-être moins qu'il n'a donné.

On raconte que dans le cours de cette visite le coubo se fait apporter une tasse d'argent remplie de vin; qu'après avoir bu la liqueur, il met le vase en pièces, mais qu'il en garde soigneusement les morceaux.

Cette cérémonie et plusieurs autres passent pour des preuves éclatantes de dépendance et de soumission.

# COUR DU ZIOGOEN,

## OU COUBO.

TOUTES les marques d'humilité que le coubo prodigue au daïri, ne sont, au fond, comme on le pense bien, qu'une scène de théâtre ; et le coubo n'en jouit pas moins du pouvoir absolu.

Les domaines ou fiefs impériaux se composent, dit-on, depuis le seizième siècle, de plus de la moitié du Japon. Il y a cinq villes qui lui sont particulièrement affectées. On appelle leur territoire *Provinces des revenus impériaux*.

Il reçoit en outre de grands présens des gouverneurs des provinces, qui lèvent chacun sur leur territoire, des tributs énormes pour solder leur garde particulière, entretenir les routes, et soutenir l'éclat de leurs maisons.

On lève au profit du coubo, certains droits sur le commerce étranger et sur les mines. D'après cela, il n'est pas surprenant que, dans un Etat d'une médiocre étendue, le coubo soit un des plus riches monarques de l'Univers. Il absorbe, à son profit, la plus grande partie des revenus de l'empire, dont suivant Kæmpfer et Caron, la somme peut être évaluée à plus de huit cents millions de francs.

Il est vrai que ces impôts se prélèvent presque tous en nature, et les Hollandais ont peut-être évalué pour tout l'empire, le prix du riz et des autres denrées, d'après ce qu'ils coûtent à Nangasaki, ville maritime et fréquentée, où les objets de première nécessité doivent se vendre très-cher. Thunberg dit que le nombre des sacs de riz s'élève à quarante-cinq millions.

Il est certaines charges qui ne pourroient s'acquitter en nature. Telles sont, par exemple, les contributions locatives. Elles se payent par le nombre des nattes qui couvrent ou qui pourroient couvrir les planchers des appartemens; car, au Japon, l'on évalue la superficie par nattes.

L'armée, quoique considérable,

coûte assez peu à l'empereur, attendu qu'elle est, pour la plus grande partie, levée et entretenue par les seigneurs, ainsi qu'on le dira ci-après. Ainsi, le coubo peut facilement thésauriser.

Il en est à peu près de même des grands, qui jouissent, à la vérité, de revenus énormes, mais sont assujétis à une représentation dispendieuse.

Outre les six principaux ministres qui dirigent la plupart des affaires, le coubo appelle à Iédo un grand nombre de camis, ou d'autres seigneurs, sous prétexte de l'éclairer sur les actes de son administration. Ils sont forcés de passer six mois de l'année dans la capitale, et de s'y rendre avec un pompeux cortége. Quelques-uns de ces éminens personnages n'amènent pas moins de mille hommes. On

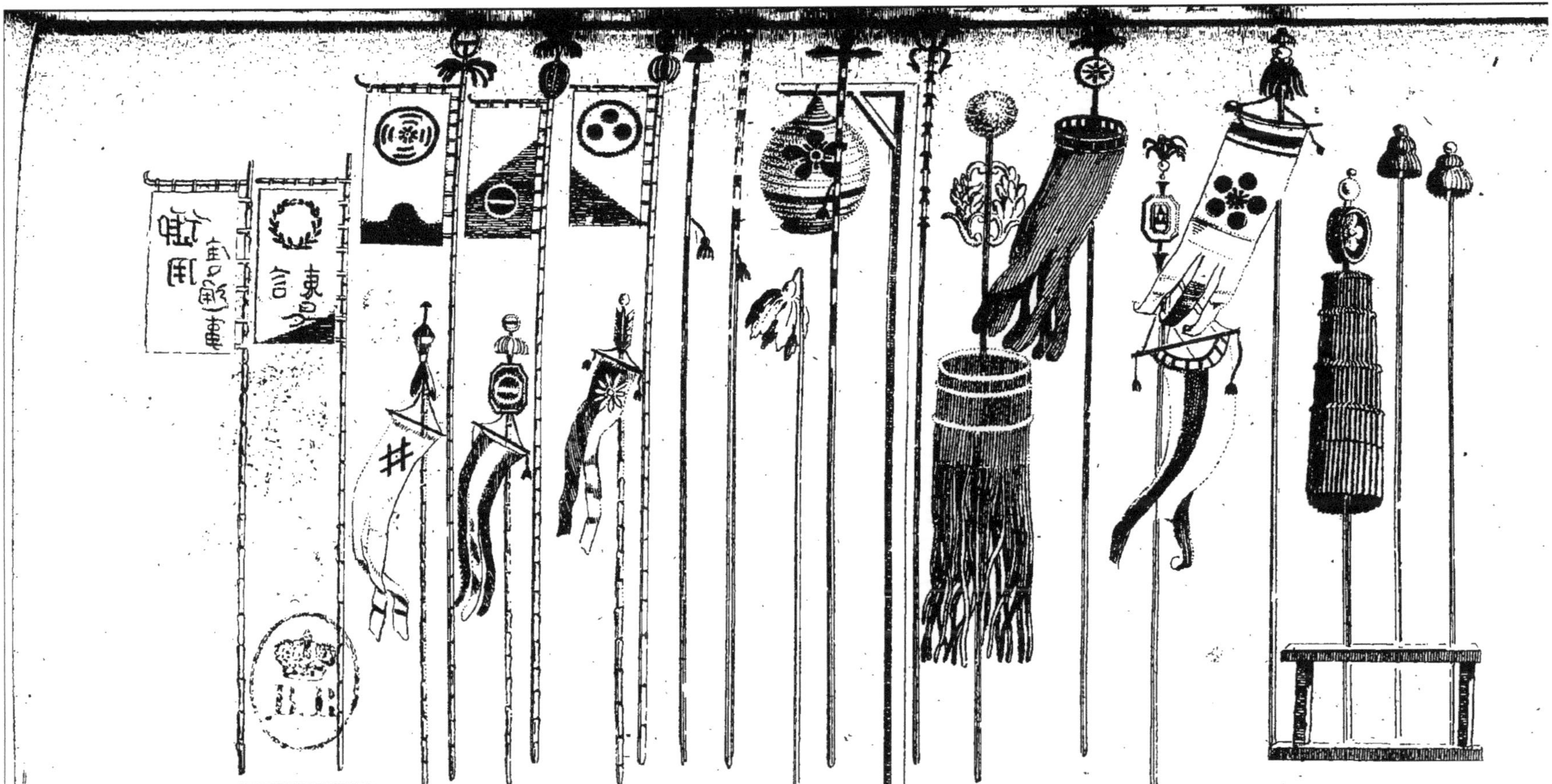

*Pavillons, Flammes et autres marques d'honneur des Dignitaires Japonais.*

porte devant leurs norimons des cottes d'armes, des étendards, des queues de cheval, ou d'autres emblèmes de leur rang. (*V. la planche en regard.*)

Ils sont précédés d'un ou deux superbes chevaux de main, accompagnés d'écuyers, qui portent sur l'épaule un faucon dressé à la chasse. Un profond silence règne sur leur passage, et le peuple se prosterne humblement à terre.

Lorsque ces grands passent devant les Hollandais envoyés à Iédo, ils se comportent diversement avec eux. La plupart font ordinairement baisser les stores de leur norimon, pour se dispenser de toute marque de civilité : quelques-uns, néanmoins, ont la politesse de laisser les portières ouvertes, et de saluer les étrangers.

Les nobles moins puissans ne peuvent s'empêcher de se rendre à la cour, au moins une fois en deux années, à tour de rôle.

Avant leur arrivée à Iédo, leur bagage est soigneusement visité sur plusieurs points de la route, par des commissaires impériaux, de peur qu'ils ne fassent passer des armes. Ils doivent donner de temps en temps des repas et des fêtes, et faire des présens considérables, soit aux princes du sang, soit aux ministres. Leurs femmes et leurs enfans sont retenus en otages à Iédo.

Lorsque le coubo entreprend quelqu'édifice ou un autre objet exigeant des frais considérables, il en charge un certain nombre de seigneurs, qui doivent l'exécuter à leurs dépens.

Lorsqu'un grand se fait construire un palais, il est obligé de réserver une porte magnifique pour le passage de l'empereur, à l'époque où ce prince daignera lui faire une visite. En attendant cette faveur dont on est prévenu trois années d'avance, et qui peut ruiner le malheureux courtisan qui la reçoit, la porte d'honneur est soigneusement couverte de planches, pour que le vernis, les dorures et les sculptures n'éprouvent point d'altération.

Jamais, à la vérité, le coubo ne se présente chez un de ses nobles sujets pour y assister à un festin, qu'il ne lui ait envoyé un présent d'un grand prix; mais ce qu'il donne n'approche pas de ce qu'il faut dépenser. N'eût-il envoyé qu'une pièce de gibier, tuée de ses mains impériales, celui qui la recevroit se verroit entraîné dans d'incroyables profusions.

Les coubos travaillent sans relâche à tenir les grands dans la dépendance où ils les ont réduits. Ils démembrent leurs petits Etats pour les affoiblir ; ils font jouer toutes sortes de ressorts pour être instruits de leurs desseins, et pour rompre leurs liaisons.

*Dame jouant de la Guitarre.*

# OCCUPATIONS

## DES FEMMES DE LA COUR.

Aucune personne de la cour ne sauroit se marier, non-seulement sans l'agrément de l'empereur, mais encore sans que cette alliance eût été arrangée et prescrite par lui.

Les femmes des princes et des gouverneurs de provinces, en l'absence de leurs maris, sont traitées avec la plus haute distinction; elles habitent de somptueux palais, et se voient à la tête d'un nombreux état de maison.

Les jeunes filles que l'on place auprès d'elles, comme dames d'honneur et d'atours, sont choisies dans les familles les plus honnêtes, et toutes se recommandent par leur intelligence et leur modestie. On les divise par troupes de seize jeunes personnes, dirigées par une dame plus âgée, et ces troupes distinguées par la couleur de leurs habits, font tour à tour leur service. (*Voyez la planche en regard.*)

On a représenté dans une peinture japonaise ci-jointe, l'extrême dépendance de ces demoiselles d'honneur à l'égard des femmes de condition qu'elles servent. Elles se distinguent par une coiffure différente des femmes mariées. Les têtes des épingles qui traversent leur chevelure, sont ornées de petites plaques de métal mobiles et brillantes.

La femme de qualité et ses dames d'honneur figurées dans cette estampe, s'occupent à faire de la musique. Une d'elles pince de la guitare, en se servant d'un bâton net au lieu de ses doigts. Une autre porte les chaussures de la maîtresse de la maison. Enfin, il n'est pas jusqu'aux enfans qu'elles ne soient tenues de soigner et d'amuser en leur faisant voir des livres d'images.

Beaucoup de filles s'engagent ainsi pour quinze ou vingt ans, et plusieurs pour toute leur vie. On les prend d'ordinaire fort jeunes, et on les marie convenablement lorsque le terme de leur engagement est arrivé. (*Voyez au frontispice de ce volume, une femme de Cassi poussée par une suivante, dans une espèce de brouette.*)

## GOUVERNEURS

### DES VILLES ET BANJOS.

Les gouverneurs des villes ont le titre de Chadamodo, et prennent rang immédiatement après les princes régnans, qu'on appelle Damios. Ces emplois se donnent selon l'ancienneté et l'illustration des familles, plutôt que d'après le mérite individuel.

A l'égard du gouvernement particulier, chaque ville impériale a deux gouverneurs, sous le titre de Tonos. Ils commandent alternativement, et, tandis que l'un exerce ses fonctions, l'autre reste à Iédo, jusqu'à ce qu'il ait reçu l'ordre d'aller relever son collègue. On en a vu quelquefois trois ensemble à Nangasaki.

Kæmpfer dit que les appointemens des gouverneurs ne dépassent jamais mille taëls, (trente à quarante mille francs), somme peu considérable, à cause de la grandeur de leur train et de leurs dépenses; mais les profits casuels sont immenses, et l'on s'enrichiroit, dit-il, dans ces emplois, si les présens qu'on est obligé de faire à l'empereur et aux grands de la cour n'emportoient une grande partie du gain.

Suivant M. Golownin, les gouverneurs seroient aujourd'hui beaucoup mieux traités. Les appointemens du gouverneur de Matsmai s'acquittent moitié en riz, moitié en pièces d'or. Le nombre des pièces d'or est de trois mille, et chacune d'elles a à peu près le poids d'une impériale de Russie.

La maison des gouverneurs est composée, en premier lieu, de deux ou trois intendans, qui sont ordinairement des nobles ; secondement, de dix Ionikis, officiers civils et militaires, tous deux d'une naissance distinguée, dont l'emploi est de donner leur avis dans les occasions importantes, et d'exécuter les ordres qu'ils reçoivent. Ils sont employés aussi pour les députations qui se font aux seigneurs des provinces, et leur suite est alors très-nombreuse.

Après eux, les gouverneurs ont trente autres officiers qui se nomment Doosious, d'un ordre inférieur, pour les fonctions et la naissance, suivant leur institution.

Le nombre des officiers qui suivent ces deux ordres est incroyable, comme celui des gardes et des domestiques.

Plus d'un petit souverain de l'Allemagne n'a pas une cour aussi fastueuse.

Les banjos sont des officiers inférieurs. Le respect singulier avec lequel les interprètes adressent la parole aux banjos, donna dans le commencement à M. Krusenstern la plus haute idée de ces magistrats ; mais les Russes apprirent par la suite que leur rang est peu considérable : c'est à une simple commission du gouverneur qu'ils doivent leur élévation temporaire.

Toutes les fois qu'un interprète a une traduction à faire, il se met à genoux aux pieds du banjo, incline la tête, et fait deux ou trois fois avec sa bouche une forte inspiration, comme pour respirer le même air que son maître (1). Il répète ensuite à demi-voix, et par mots entrecoupés, toute la conversation qui, en hollandais, n'a duré que quelques minutes.

Si un Japonais voit un banjo lui adresser la parole, il se prosterne, et

---

(1) C'est une espèce de sifflement qui se produit en serrant les dents, et en retirant brusquement son haleine. Les Japonais ne manquent point d'employer cette civilité envers leurs supérieurs.

répète continuellement le monosyllabe eh! eh! c'est-à-dire, je comprends.

Les banjos, de leur côté, se comportent avec une dignité extrême; jamais ils ne rient, et c'est seulement par un faible sourire qu'ils daignent parfois témoigner leur satisfaction.

L'habillement des banjos, comme celui des interprètes, consiste dans un surtout à larges manches, sous lequel est une tunique qui descend du cou jusqu'aux pieds. Cette tunique ressemble beaucoup aux robes des femmes européennes, si ce n'est qu'elle est fort étroite à partir de la chute des reins, et qu'elle cause beaucoup d'embarras dans la marche. Aussi les Japonais ne vont-ils à pied que lorsqu'il ne leur est pas possible de faire autrement.

Tel est l'habillement de tous les Japonais. La seule différence entre le costume des riches et celui des pauvres, c'est que les premiers sont vêtus d'étoffes d'or et d'argent, tandis que les autres ne portent que des tissus d'une laine grossière. Le surtout est ordinairement noir, mais quelquefois moins sombre, et la tunique est presque toujours de couleurs mélangées.

Les hommes et les femmes font broder sur les diverses parties du vêtement, leurs armoiries, de la largeur d'une demi piastre ; ainsi l'on reconnoît aisément, du premier coup d'œil, une personne, ou du moins sa famille. Toute jeune fille porte les armoiries de son père jusqu'à l'époque de son mariage : elle prend alors celles de son époux.

Nous reviendrons plus loin sur ces détails, au chapitre des costumes.

La plus grande marque d'honneur qu'un prince ou un gouverneur puisse conférer, c'est d'envoyer à quelqu'un un habit avec ses propres armoiries. On faisoit souvent entendre à l'ambassadaur russe, que ce seroit pour lui un bonheur inestimable si le souverain daignoit lui envoyer une robe aux armes impériales.

Ces armoiries sont ordinairement brochées dans un tissu de fabrique japonaise, mais on les coud sur des étoffes de la Chine.

Tous les gouverneurs des villes impériales président un conseil composé de quatre espèces d'échevins, nommés To-Sy-Jori-Sin, c'est-à-dire les anciens, parce qu'autrefois on les choisissoit parmi les habitans les plus recommandables par leur âge, en même temps que par leur caractère. Alors l'office étoit annuel, il se transmet aujourd'hui par hérédité. On désigne tous les ans un de ces magistrats sous le titre de Ninbam, c'est-à-dire voyant ou surveillant, pour informer le gouverneur de ce qu'il arrive d'important, et faire un rapport sur les affaires soumises au conseil. Cette charge est analogue à celle de maire, ou de sous-préfet. Lorsque le ninbam a fini ses fonctions, il a le droit d'aller à la cour de Iédo, pour présenter ses hommages à l'empereur, et remettre au conseil un mémoire de ce qui s'est passé dans la ville pendant l'année de son administration.

Le gouvernement exige dans les

comptes que lui rendent ses agens, l'exactitude la plus minutieuse. Lorsqu'en juillet 1813, deux vaisseaux hollandais arrivèrent à Nangasaki, après une longue interruption de toutes relations entre ce port et Batavia, le gouvernement envoya à sa cour la notice la plus complète sur ces deux bâtimens. La longueur, la largeur, la hauteur, le tonnage, le nombre des hommes et leur patrie respective étoient relatés avec un soin extrême.

On ne décrivit pas avec moins de détail un éléphant de l'île de Sumatra, que la compagnie hollandaise envoyoit comme présent à l'empereur du Japon. L'âge de cet animal et sa taille étoient notés aussi bien que le signalement de son cornac. On y exprimoit enfin la nature et la mesure précise des alimens solides ou liquides que devoit recevoir chaque jour l'éléphant.

*Cavalier et Fantassin Japonais.*

# ARMÉE.

L'ARMÉE japonaise du temps de Kæmpfer se montoit à cent trente-huit mille hommes d'infanterie, et trente mille huit cents de cavalerie, tous fournis au coubo par les princes et les seigneurs. Il avoit en outre à sa propre solde cent mille hommes de pied et vingt mille chevaux, formant les garnisons des forteresses impériales, sa maison militaire et ses gardes.

Les cavaliers ( *Voy. la planche en regard* ) sont armés de pied en cap. Ils ont des carabines fort courtes, une longue lance, un arc, des flèches et le sabre. On prétend qu'ils sont fort adroits à tirer de l'arc.

Les soldats d'infanterie n'ont pour armure défensive qu'une espèce de casque. Pour armes offensives, ils ont chacun deux sabres, une espèce de pique et un mousquet, ou fusil à mèche.

L'infanterie et la cavalerie se divisent par compagnies. Cinq soldats ont un homme qui les commande. Ce grade qui correspond à celui de sergent, s'appelle Koumino-Kaschra ou commissaire au riz. C'est, en effet, ce sous-officier qui va recevoir au magasin les rations de riz, et qui en fait la distribution à la troupe.

Cinq de ces escouades sont à leur tour commandées par un sous-lieutenant. Une compagnie de deux cent cinquante hommes a un capitaine, deux lieutenans, et un sous-lieutenant. Un colonel commande la réunion de toutes les compagnies. Une partie de la solde se paie en riz; mais à Matsmai, et dans les îles Kouriles, la distribution des vivres en nature est remplacée par une petite somme d'argent.

Les soldats japonais sont rigoureusement exacts à leur consigne, et comme la plupart d'entr'eux savent lire, ils la reçoivent presque toujours par écrit. L'escorte qui conduisoit par terre dans l'île de Iesso M. Golownin et les autres prisonniers russes, étoit forte de cent cinquante à deux cents hommes; chacun portoit suspendue à sa ceinture une tablette en bois avec une inscription qui le rendoit responsable des prisonniers, et lui prescrivoit ce qu'il avoit à faire.

L'ojagoda, ou capitaine de cette troupe, portoit sur lui la liste de tous ses soldats.

Ils ont pour les occasions solennelles et notamment pour la réception des ambassadeurs étrangers, des costumes magnifiques de satin ou de velours, avec des broderies d'or et d'argent. Ces vêtemens sont plus courts que leurs habits ordinaires, mais faits de la même manière avec de larges manches.

Lorsque la fête est finie on replace ces costumes de gala dans les magasins impériaux.

L'armée n'a point d'uniforme, les habits des soldats sont bigarrés et de différentes étoffes. Les officiers cependant sont vêtus à peu près de la même manière. Dans les grades supérieurs ils portent des cuirasses ou des cottes de mailles, et sont coiffés de casques ornés d'un soleil, d'un croissant, ou de tout autre emblème selon leurs rangs respectifs.

Toutes ces troupes, dit Kæmpfer, sont plus que suffisantes pour faire respecter un prince qui ne pense qu'à contenir ses sujets dans la soumission, et qui ne se propose point de conquêtes.

Cependant si l'empereur du Japon avoit besoin de plus grandes forces, il lui seroit facile de rassembler de formidables armées sans causer aucun désordre dans le commerce de ses Etats, et dans l'exercice des arts, et même dans le travail nécessaire à la subsistance des peuples. Tous les ans il est exactement informé du nombre de ses sujets, soit de ceux qui habitent les villes, soit de ceux qui sont établis à la campagne. Divers officiers chargés de cette commission en rendent compte à la cour.

L'absence de toute guerre étrangère est cause du peu de progrès qu'ont fait les Japonais dans l'artillerie. On verra dans la relation de Golownin des preuves incontestables du peu d'habileté de leurs canonniers. Quoiqu'ils possèdent les mines du plus beau cuivre de l'univers, ils ne songent point à fondre de canons, ils se contentent d'armer leurs remparts de vieilles pièces conquises sur les Portugais; ils en ont acheté quelques autres aux Hollandais qui font le commerce de Nangasaki. On ne se sert de ces pièces que pour faire des saluts militaires, et comme on en est très-avare, les canons d'un fort restent jusqu'à sept années de suite sans se faire entendre.

On montra sur les remparts de Matsmai, à M. Golownin, une pièce en bronze de dix-huit livres de balles, fondue par les Hollandais, et qu'on prétendoit avoir été conquise avec beaucoup d'autre artillerie dans une guerre contre les Coréens, il y a plus de deux cents ans. L'inscription latine prouva aisément aux Russes que ce canon ne datoit pas d'un siècle, qu'il avoit été fabriqué pour le compte de la compagnie hollandaise des Indes, et probablement vendu à Nangasaki avec d'autres articles de commerce.

C'est évidemment pour déguiser aux

yeux des étrangers leur disette en artillerie, que les Japonais ont adopté l'étrange coutume de voiler avec des tapisseries les murailles de leurs fortifications. Ils rendent tous calculs inutiles en figurant avec des planches de fausses embrasures, et de faux canons, et en masquant les embrasures et les pièces véritables.

D'un autre côté la nature du sol et des grands chemins permettroit peu l'usage des pièces dites de campagne, de ces canons portés sur des affûts légers, et traînés avec la rapidité de l'éclair d'un rang à un autre, d'une aile de l'armée à l'aile opposée. Leur manière de faire la guerre les engage à préférer l'emploi des armes portatives telles que l'arc, les flèches, le sabre, la hallebarde et le mousquet.

Les arcs sont très forts, et les flèches fort longues. Les fusils à batterie sont rares dans l'armée ; ils n'appartiennent qu'aux personnes de distinction, et dans les appartemens des grands on donne à ces armes de luxe une place remarquable.

Le sabre est l'arme favorite des Japonais ; toute personne qui s'élève au-dessus de la classe des paysans en porte un à sa ceinture, long d'environ trois pieds, un peu courbe, et à dos très-large. La lame est d'une trempe excellente : les plus vieilles sont les plus estimées ; on les préfère aux meilleurs damas, et elles coupent un gros clou sans s'émousser. Si l'on en croit les Japonais, ils peuvent, d'un seul coup de sabre, fendre un homme en deux, depuis la tête jusqu'aux pieds.

Un bon cimeterre se vend jusqu'à cent rixdallers : c'est le meuble le plus précieux qu'on puisse se procurer. La poignée est garnie d'une garde ronde et très-forte, et elle est longue de six pouces. Le fourreau est plat, épais, et souvent en belle peau de chagrin. Il n'y a point de ceinturon. Le sabre est passé à gauche dans la ceinture, le tranchant en dessus au lieu d'être en dessous, suivant la méthode européenne.

Cette coutume existe aussi chez les Mamelouks(1).

Parmi les objets représentés dans l'estampe ci-jointe (*Voyez la planche en regard*) se trouvent le harnois dont se sert la cavalerie. Il est facile de voir

(1) Voyez *l'Egypte et la Syrie*.

*Fig. 1. Vaisselle dans laquelle on porte les alimens.*
*Fig. 2. Vaisselle pour les Confitures.*
*Fig. 3 et 4. Nécessaire à Tabac.*
*Fig. 5 et 6. Boites pour la Médecine.*

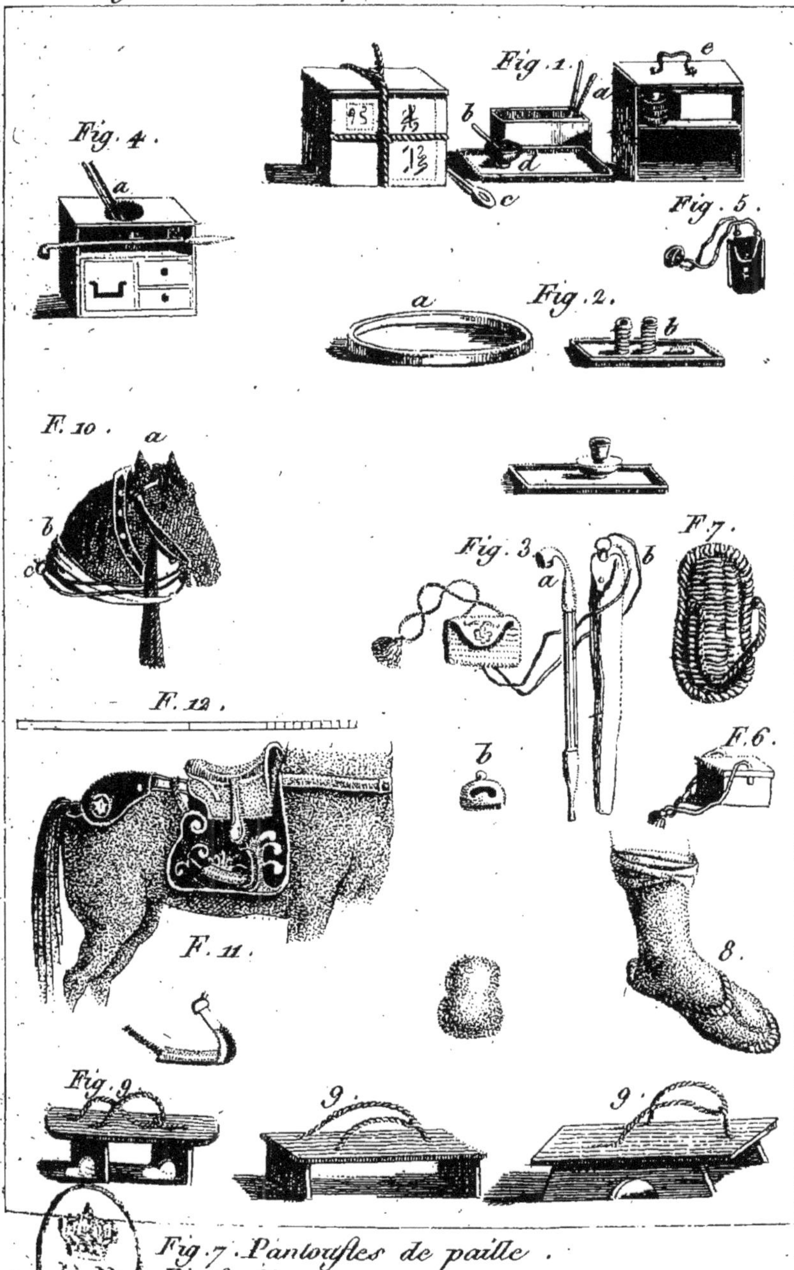


*Fig. 7. Pantoufles de paille.*
*Fig. 8. Chaussure.*
*Fig. 9. Chaussure pour la boue.*
*Fig. 10 et 11. Harnois de Cheval.*
*Fig. 12. Longueur du pouce japonais.*

que la selle ressemble aussi beaucoup à celle des Mamelouks. La bride et le bridon sont fixés d'une manière très solide, et la tête du cheval est encore contenue par un collier qui l'empêche de froisser violemment la poitrine du cavalier quand il devient rétif. (*Voy. les* N.[os] 9, 10, 11 *et* 12.)

Les autres ustensiles de la même estampe ont été ou seront décrits en leur lieu. Ce sont le nécessaire à tabac et la pipe, dont le foyer a très-peu de volume, et diffère beaucoup, sous ce rapport, des fameuses pipes dites d'*écume de mer*, dont on fait usage en Asie.

On a représenté avec la plus grande exactitude les souliers de paille, la manière dont ils s'adaptent à la jambe nue, et diverses sandales. Ces dernières sont des planches carrées ou arrondies, un peu plus longues et plus larges que le pied, montées sur des patins, et assujéties par deux cordes entre les orteils. (*V. les* N^os 6, 7, 8 *et* 9.) Toutefois, les soldats ont pour chaussure une sorte de bottines.

---

# ADMINISTRATION

## DE LA JUSTICE.

NOUS avons, dans la description de Nangasaki, présenté un détail suffisant de la police des villes japonaises. Disons quelques mots de la manière dont se rend la justice en ce pays.

Les lois civiles et criminelles consistent dans les ordonnances de l'empereur, et dans quelques anciennes coutumes.

Thunberg prétend qu'il n'existe

pas de contrée au monde où le code des lois soit moins volumineux, et où l'on voye un moindre nombre de juges. Il n'y a point ici d'avocats, et l'on ne se fait aucune idée des recueils d'arrêts ou de commentaires sur les lois. Cependant la législation pénale est des plus sévères, et on l'exécute sans la moindre acception des personnes.

La police qui réprime les délits, quand elle n'a pu les prévenir, est vigilante ; le bon ordre est strictement maintenu. Il est peu de contrées où il se commette moins de grands attentats.

La plupart des crimes sont punis de mort ; le législateur a moins eu égard en cela à l'énormité du forfait en lui-même, qu'à l'audace avec laquelle le coupable a transgressé la sainteté des lois de l'empire. Avec cette manière de raisonner, il n'est guère de délit qu'on ne puisse assimiler au crime de lèse-majesté.

Les amendes et autres compositions pécuniaires, répugnent dans le système des Japonais, à la raison autant qu'à l'équité. Ils disent que par-là les riches demeurent à peu près impunis, tandis que les pauvres sont accablés.

Lorsqu'un meurtre se commet dans l'intérieur d'une ville, non seulement l'assassin lui-même, mais quelquefois ses parens, ses subordonnés, et jusqu'à ses voisins sont compris dans les poursuites, selon que les derniers se sont rendus plus ou moins complices, ne fût-ce que de négligence.

La contrebande est punie de mort sans miséricorde; on ne fait aucune distinction entre le vendeur et l'acheteur.

Les condamnés qu'on exécute dans la prison, sont décapités. Quant aux exécutions publiques, elles consistent dant le crucifiement, et autres tortures propres à frapper de terreur les assistans.

Les grands seigneurs ne sont pas traités avec autant de sévérité ; peut-être aussi les juge-t-on avec moins d'impartialité, et l'on veut les dédommager du côté de la rigueur du châtiment, de ce qu'ils éprouvent d'arbitraire dans la manière dont ils sont condamnés.

Pour simple malversation on se borne à les reléguer dans une île presque inhabitée, où un château-fort leur tient lieu de prison.

Quand le crime est plus grave, et que l'empereur n'a pas trouvé à propos de leur faire grâce, on les fait périr eux et toute leur famille.

Pour épargner au coupable la honte de périr de la main des bourreaux, on permet à son plus proche parent, de l'exécuter dans sa maison; et cette mort qui n'a rien de honteux pour celui qui la donne, est aussi moins déshonorante pour celui qui la reçoit, quoique dans l'idée des Japonais il soit toujours un peu humiliant de mourir de la main d'autrui. La plupart des condamnés sollicitent donc, mais n'obtiennent qu'avec peine la permission de s'ouvrir le ventre à eux-mêmes.

Le criminel qui a obtenu cette grâce est d'abord débarrassé des liens dont on avoit garrotté ses mains et ses bras, pour l'empêcher de se porter à un suicide (1) ; il se pare de ses plus beaux habits, assemble ses amis et ses parens et leur adresse les exhortations, les plus pathétiques. Ensuite, affectant une sérénité d'âme parfaite, il se découvre le ventre, et s'y fait deux ouvertures en croix.

Dans les préjugés du pays, le crime le plus odieux est effacé par ce genre de mort ; on met le criminel au rang des braves ; sa famille n'est point déshonorée, et elle obtient la remise de la confiscation.

Le fameux supplice de la fosse, exercé si souvent à l'égard des chrétiens, consistoit à suspendre le patient

(1) Voyez la relation de Golownin.

par les pieds, dans une fosse où l'on mettoit un serpent et un chien affamés.

La mort à petit feu étoit aussi réservée aux intrépides confesseurs du christianisme ; elle n'est plus infligée qu'aux incendiaires.

Les incendies occasionnés par la vengeance et la malignité ne sont pas très-rares, quoiqu'ils soient punis d'un supplice atroce.

L'incendiaire est amené tout nu sur le lieu d'exécution, qui est d'ordinaire hors de la ville, et on l'attache à un poteau. On allume ensuite un bûcher placé à une certaine distance, de manière à faire périr le criminel à petit feu. Dès qu'il a rendu le dernier soupir, on cloue au poteau une inscription contenant le nom du coupable et les causes de sa condamnation, puis on abandonne son corps aux animaux sauvages et aux oiseaux de proie.

Le crime d'incendie est placé dans les lois japonaises immédiatement après celui de parricide.

Quand le feu prend accidentellement ou non à un édifice, les secours les plus prompts arrivent de toutes parts. On bat la générale, en faisant retentir soit des tambours, soit des bassins de cuivre. Les officiers et les soldats ont pour ces sortes d'accidens un costume tout particulier. C'est à peu près leur habit de guerre, c'est-à-dire une cuirasse et des brassarts, avec la différence, que cette armure est de cuir vernissé, afin qu'elle soit plus légère. Il en résulte, que sans être incommodés par le poids de la cuirasse, les travailleurs se trouvent cependant préservés de la chute des flammèches. Le rang du travailleur est marqué sur le costume.

Dès qu'un incendie éclate, toute la ville est en rumeur.

Dans la capitale où il y a différens corps de troupes, le gouverneur remet son drapeau au premier officier supérieur qu'il trouve sous sa main, et nul n'a droit de se mêler de rien, avant que les secours soient réclamés par ce délégué. Dans le cas contraire, cette sorte d'insubordination est rigoureusement punie. Il en résultoit autrefois des conflits d'autorité, et par suite des duels entre les grands et les princes, même souvent de petites guerres civiles ; mais aujourd'hui les suites ne sont pas aussi funestes. On voit seulement éclore des discussions entre les officiers qui se disputent la gloire d'avoir éteint l'incendie.

Il y a deux sortes de prisons, les unes qu'on appelle Oksio, les autres Ro. Dans celles-ci, les détenus n'ont jamais de feu; on ne leur donne ni thé, ni tabac, ni sakki. Les alimens sont de très-mauvaise qualité; et l'on ne sert le riz que par petites portions.

Le régime des oksios est beaucoup plus supportable, et la surveillance y est moins sévère. C'est dans une geôle de cette espèce que M. Golownin et ses compagnons furent enfermés à Matsmai.

Le concierge des prisons militaires est toujours un officier des troupes impériales, ayant en conséquence le droit de porter un sabre et un poignard à la ceinture. Outre ses fonctions de geôlier, il est encore tenu d'exécuter les criminels.

Les Japonais n'eprouvent aucune répugnance à converser et à plaisanter avec ce concierge-exécuteur; mais ils ne voudroient ni manger, ni fumer avec lui. Si par hasard il a allumé sa pipe au foyer de la leur, ils s'empressent de jeter celle-ci au feu.

Pendant que M. Golownin etoit dans la prison de Matsmai appelée *Inœérari*, il avoit pour compagnon de captivité un Japonais, à qui fut infligée une peine corporelle.

Cet homme avoit changé dans un bain public, soi-disant par mégarde, ses mauvais habits contre de meilleurs vêtemens, et on le traitoit comme voleur. Plusieurs fois on le conduisit au tribunal les mains liées derrière le dos. Enfin, on lui infligea la correction, qui consista à recevoir vingt-cinq coups de fouet pendant trois jours de suite. Cela se faisoit entre deux guichets. Quand les valets de l'exécuteur l'avoient ramené dans la prison, ils crachoient sur son dos tout saignant, et le frottoient avec leur salive. On lui donna le temps de se guérir, puis on lui fit une marque sur les mains avec un fer chaud, et on le relégua dans les îles Kouriles du nord, qui appartiennent au Japon.

Les Russes apprirent à cette occasion qu'on ne fustige jamais les étrangers, à moins qu'ils ne se soient introduits dans le pays pour prêcher le christianisme.

Les bourreaux sont choisis parmi

les tanneurs, qui n'ont pas droit de s'y refuser. Ce sont les tanneurs qui écorchent les bestiaux morts, pour en préparer eux-mêmes les cuirs. Aussi demeurent-ils ensemble dans leur village séparé hors de la ville, et dans un endroit qui, comme autrefois Montfaucon, sert à la fois de gibet et de voirie.

## RELIGION.

La liberté qui régnoit dans cet empire avant la ruine du christianisme y avoit introduit douze sectes étrangères au préjudice de la religion du pays. Les principes et les pratiques de ces cultes divers n'avoient presque rien de commun. Les uns adoroient le soleil et la lune, ou certains animaux. Les autres avoient élevé des temples aux *camis* qui sont les premiers souverains du pays, ou des grands hommes qui s'en sont rendus les bienfaiteurs par les lois, les sciences, et les arts.

Kæmpfer prétend que la plupart des grands passent pour athées, quoiqu'à l'extérieur ils fassent profession d'une religion quelconque. Quant au vulgaire, regardant la divinité principale comme un être impassible qui prend peu de part aux affaires des hommes, il adresse par terreur ses adorations à de mauvais génies. Telle est l'explication de ces figures grotesques d'idoles qui couvrent les autels du Japon, comme ceux des Chinois et des Indous, et dans lesquelles il seroit déraisonnable de chercher l'emblème de quelqu'intelligence bienfaisante.

Ce qu'on ne sauroit trop admirer, c'est qu'au milieu de ce chaos de religions, il se trouve des traces innombrables de christianisme. Nous n'avons presque pas un mystère, pas un dogme, ni même une pratique de piété dont il ne semble que les Japonais aient eu quelque connoissance. Par exemple, ils ont des chapelets, et font des signes de croix pour chasser les démons. Les anciens missionnaires jésuites ont pensé que des prêtres arméniens avoient les premiers porté l'Evangile au Japon. Il pouvoit d'ailleurs y avoir pénétré indirectement, et déjà corrompu par les Indiens, les Tartares et les Chinois qui eux-mêmes paroissent l'avoir reçue des Syriens sectateurs de Nestorius.

A l'arrivée des Portugais, cet empire comptoit trois religions principales.

1°. L'ancienne religion du pays nommé Sinto.

2°. Le *budscho*, ou culte des idoles étrangères, apporté de la Chine, mais qui se trouve mêlé de quantité de dogmes empruntés aux Siamois.

3°. Le *siouto*, espèce de religion naturelle, qui est la doctrine des moralistes et des philosophes. Ce dernier culte a beaucoup d'analogie avec celui de Confucius; mais accoutumant les esprits à une molle tolérance, il les conduit insensiblement à l'athéïsme.

Malgré l'extrême divergence des opinions, tous ces sectaires n'en vivent pas moins en bonne intelligence, persuadés qu'il ne faut pas s'égorger pour de simples doctrines. L'empereur ecclésiastique nomme les principaux prêtres ; chaque secte a ses temples et ses idoles.

La multitude des faux dieux est si prodigieuse, que chaque genre de commerce a sa divinité tutélaire, ainsi qu'on le voyoit chez les anciens Grecs, et chez les anciens Romains. Ne croyons pas cependant que les Japonais ignorent absolument l'existence d'un esprit éternel et tout-puissant ; mais à cet égard leur croyance est obscurcie par les fables et les mystères.

Leurs temples extrêmement variés et nombreux, sont presque toujours bâtis dans les faubourgs sur quelque lieu élevé. Les prêtres y sont en grand nombre ; ils se distinguent par leur tête entièrement rasée, et l'extrême modestie de leur maintien. (*Voyez la*

*Bonzes de différentes Sectes.*

*planche en regard.*) Leurs fonctions ne consistent guère qu'à nétoyer le lieu saint, à entretenir le feu sacré et les lampes, et à offrir à leurs idoles un tribut fort innocent, de simples fleurs.

Il n'y a point de sermons, suivant Thunberg ; on ne chante point d'hymnes ; les dévots y viennent en tout temps prier et déposer leurs offrandes. Cependant Montanus n'est point d'accord avec ce moderne voyageur. Il prétend dans son texte que les prédicateurs japonais font toutes sortes de contorsions, et déclament en termes énergiques. Dans une de ses estampes, il représente leur costume ; mais il est possible que ce soient quelques bonzes prêcheurs, appartenant à une secte particulière.

Il n'y a point de ville où le nombre des temples ou des pagodes ne soit presque égal à celui des maisons. Les empereurs et les princes se disputent la gloire d'en bâtir de magnifiques; anssi les richesses de quelques-uns de ces édifices sont incroyables. Il n'est pas rare d'y voir une centaine de colonnes de cèdre, d'une prodigieuse hauteur, et des statues colossales de bronze. Il y en avoit autrefois d'or et d'argent, avec une quantité de lampes et d'ornemens de grand prix.

La tête des *camis* est ordinairement couronnée de rayons. Quelques-uns ont la figure la plus étrange, plusieurs têtes ou un grand nombre de bras.

Les principaux temples se nomment *mias*, c'est-à-dire demeure des âmes immortelles. Kæmpfer en compte plus de vingt-sept mille.

Les chapelles qui environnent les mias sont carrées, ou hexagones, ou octogones, élégamment vernissées, ornées en dehors de dorures, et en dedans d'une multitude de miroirs, de modèles de navires, de vieux sabres, etc. Ces chapelles sont portatives, et on les promène dans les processions. Quelquefois la statue du cami est portée aussi avec les chapelles; mais les hommes chargés de ce saint fardeau marchent à reculons, et le peuple se retire sur leur passage, comme indigne de jouir de la présence de la divinité.

Les étrangers ne sont cependant point exclus des sanctuaires; et lorsqu'ils ne peuvent trouver de logement ailleurs, ils passent la nuit dans les temples. La même coutume se retrouve à la Chine.

---

# SECTE DE SINTO.

---

Les deux sectes qui de nos jours ont le plus de vogue, sont celle de Sinto et celle de Budsho. La première est la plus ancienne, quoiqu'elle compte beaucoup moins de partisans.

La doctrine de Sinto étoit dans l'origine simple et noble; mais elle a été depuis altérée par une foule de cérémonies étrangères et superflues. Ses adhérens reconnoissent un Etre-Suprême, qui habite les plus hautes régions du ciel, et ils admettent pareillement des divinités subalternes.

Leur adoration a principalement pour objet les ministres inférieurs de la puissance céleste. Suivant leur opinion, ces agens exercent leur pouvoir sur la terre, l'eau et le ciel, où ils font leur demeure ; mais ils n'en ont pas moins entre leurs mains les destinées de tous les hommes.

Les sectaires ont aussi des notions confuses de l'immortalité de l'âme, de peines et des récompenses dans une autre vie. D'après leur tradition, les âmes des justes ont une place assignée immédiatement au-dessous du ciel; les âmes des méchans errent au contraire sous la voûte du firmament, afin d'expier leurs péchés : de là résulte qu'ils ne croient point à la transmigration des âmes.

Ils représentent les trois sortes

d'impuretés contraires à la loi, en plaçant auprès de l'idole de Siso trois singes qui se bouchent de leurs deux pates de devant, l'un les yeux, l'autre les oreilles, le troisième la bouche.

Le but de leur doctrine est seulement d'engager les hommes à mener une vie vertueuse, à entretenir la paix de leur conscience, à obéir aux lois du souverain. Ils s'abstiennent de toute nourriture animale, ont horreur de l'effusion du sang, et ne veulent toucher à aucun cadavre. Quiconque a transgressé cette défense, est réputé impur pendant un certain temps; cette loi, prescrite par le lévitique, se retrouve chez presque tous les peuples, encore au berceau de la civilisation. Elle est générale parmi les insulaires de la mer du sud.

Les seuls diables qu'ils reconnoissent comme inflexibles, et acharnés à la perte du genre humain, sont ceux qui, à les en croire, animent les corps des renards. En effet, ces animaux, par les ravages qu'ils occasionnent, sont très-redoutés dans le pays.

Quoique les sectateurs de cette religion soient persuadés que leurs dieux connoissent toutes choses, disposent de tout à leur volonté, et que les prières n'ont aucune utilité, ils ont cependant des temples et des jours de fêtes. Ils donnent à leurs dieux les noms de Sin ou de Camis, et celui de Mia à leurs temples. On ne voit point dans ces édifices d'image visible du Tout-Puissant, mais l'emblème de quelque divinité inférieure. C'est ainsi que les anciens païens avoient des statues de Jupiter, d'Apollon, de Vénus, etc., mais n'adoroient point sous des signes visibles le *Fatum*, ce destin aveugle dont ils reconnoissoient cependant le pouvoir irrésistible sur la nature entière, et sur les Dieux eux-mêmes.

Le daïri est le chef suprême des sectateurs du sinto, il nomme les *canusis* préposés à la garde des temples.

Cette religion compte parmi ses ministres un ordre de bonzes-hermites qui se nomment jammabos, c'est-à-dire *soldats des montagnes*.

Ce mot *soldat* n'exprime pas plus l'idée d'un véritable guerrier, que le terme d'*église militante*, si connu dans nos livres de théologie. Les jammabos ne combattent pour les *camis* qu'en menant une vie austère et pénitente, en faisant sans cesse des pèlerinages dans les *hauts-lieux*, c'est-à-dire dans les montagnes réputées sacrées. Dans le cours de ces voyages, ils ne vivent que de racines, et se baignent dans l'eau froide au cœur même de l'hiver.

Les jammabos marchent pieds nus; mais vivant sans cesse dans des lieux froids, ils sont couverts d'amples vêtemens. Leur large coiffure en forme de cône renversé, est drapée d'une pièce d'étoffe qui retombe sur leurs épaules. Ils ont les mains cachées dans des manches d'une longueur énorme, et portent une lourde écharpe dont les extrémités se rattachent derrière le dos.

On a représenté un de ces jammabos

*Officier civil ordinaire.* *Religieux Japonais.*

(*Voyez la planche en regard.*), dans la même estampe qu'un officier civil qui ne porte pas deux sabres au côté comme les militaires, mais seulement un sabre et un poignard.

Il y a plus de mille ans que des couvens de filles se sont établis au Japon; ils sont beaucoup moins nombreux que ceux qu'on voyoit autrefois en Europe.

J'ai remarqué dans un autre ouvrage (1), qu'il est étonnant qu'il existe des religieuses en Chine où la polygamie est autorisée, et où parconséquent très-peu de filles doivent rester sans être pourvues. On doit peut être voir avec la même surprise des monastères de filles au Japon. A la vérité, on

(1) La Chine en miniature.

ne peut y épouser plusieurs femmes; mais l'on peut avoir chez soi autant de concubines qu'on peut en entretenir.

Le plus révéré de tous les camis est Tensio Daï-Dsin, fondateur de la seconde race. Tous les Japonais de bonne maison se croyent descendus de lui; et ce qui fonde le droit héréditaire des daïris au trône impérial, c'est qu'ils viennent de l'aîné de ses fils. On regarde apparemment les sept camis qui l'ont précédé comme trop élevés au-dessus de la terre, pour s'intéresser à ce qui s'y passe. Ceux même qui ont quitté l'ancienne religion pour embrasser les nouvelles doctrines, rendent un culte à ce père de la nation japonaise. Les anciens historiens ne tarissent point sur ses exploits héroïques et miraculeux; il n'y a point de ville où il n'ait un temple.

La fête de cette divinité est célébrée le sixième jour de la neuvième lune. On rend aussi un culte solennel à son frère, nommé Iébisou, qui avoit lors de son incarnation, la propriété singulière de vivre trois jours consécutifs dans l'eau. C'est pour cela qu'on l'adore comme un autre Neptune, dieu des marins et des pêcheurs. Ses idoles le représentent assis sur un rocher, tenant d'une main une ligne, et de l'autre un poisson nommé taï, qui lui est consacré.

Lors de leur retour à Nangasaki, M. Feith et M. Thunberg virent les mêmes objets que lors de leur premier voyage, mais avec plus de détails. On leur avoit permis de visiter quelques-uns des principaux temples de Méaco. Ils sont ordinairement dans des situations élevées, et l'on y jouit d'une délicieuse perspective. De tous ces édifices religieux, extrêmement multipliés dans le pays, le temple de Diaboud est non seulement le plus vaste, mais le plus remarquable. Il s'élève sur quatre-vingt-seize colonnes; on y pénètre par des portiques étroits, mais d'une hauteur majestueuse. L'intérieur se divise en deux étages qui ont chacun leur voûte à peu près comme la grand'salle du Palais à Paris. La voûte supérieure est ornée de colonnes peintes d'environ six pieds de diamètre.

L'image de l'idole Diaboud, placée au milieu du temple, imprime la terreur par ses énormes proportions. La divinité est représentée assise à six pieds de terre, et les jambes en devant à la manière des Indiens. Les cartilages des oreilles sont d'une longueur excessive, les cheveux courts et frisés, et les épaules nues. Le corps est couvert d'une pièce d'étoffe, le bras droit est élevé, et le gauche est posé sur le ventre. Six hommes pourroient s'asseoir sur la paume de la main de cette gigantesque divinité. L'idole et la secte qui lui rend un culte, tirent leur origine de l'Inde où elles existent depuis un temps immémorial.

Nos voyageurs n'étoient pas encore revenus de l'étonnement dont les avoit frappés cette statue colossale, lorsqu'ils furent conduits à un autre temple aussi majestueux, et non moins digne d'admiration. Il est dédié au dieu Canen, dont l'image est entourée de celles des divinités inférieures, placées sur douze rangs, au nombre de trois cent trente-trois mille trois cent trente-trois figures, si l'on en croit les Japonais. Ces images sont de différentes grandeurs, les plus petites sont placées en avant, afin que la vue puisse les embrasser toutes à la fois.

Les processions et les pèlerinages sont prescrits par toutes les sectes japonaises, et encore plus par celles du sinto.

On fait des pèlerinages annuels à plusieurs lieux saints, et surtout au temple d'Isie, consacré à *Tensio-daï-sin* dont nous avons parlé plus haut. Ce temple remonte à une haute antiquité. On n'y voit d'autres ornemens qu'un miroir et des pantouffles de papier blanc suspendues à la muraille. Cela veut dire que rien d'impur n'est agréable à Dieu, et qu'aucune chose ne sauroit être cachée à son œil pénétrant.

L'empereur ne pouvant visiter lui-même ce temple, à cause de son trop grand éloignement, y envoie chaque année un ambassadeur. Tous ses sujets, quels que soient leur rang et leur fortune, sont tenus d'y faire un pèlerinage au moins, en leur vie, mais un grand nombre par principes de dévotion s'y rendent plus souvent. Quelques-uns de ces pèlerins pratiquent de grandes austérités.

Quant au temple de Niko, le *coubosama* le visite fréquemment en personne ; cet édifice sacré est dans une grande plaine, à trente-six lieues à l'est de Iédo.

M. Thunberg partit de cette capitale le 25 mai, cinq jours avant l'époque fixée pour le voyage de la cour. Il en avoit été question pendant trois ans, et les préparatifs en avoient été suspendus d'année en année. Cette fois la partie étoit irrévocablement fixée, car on avoit déjà envoyé une avant-garde formée de nombreux détachemens de troupes. Parmi l'innombrable multitude qui devoit accompagner le monarque à Niko, il y avoit des vieillards, des mendians, des bourreaux, et l'on avoit commandé jusqu'à des cercueils pour les personnes qui mourroient en route, afin qu'on ne manquât d'aucune des commodités du voyage.

## MENDIANS.

### FONDATIONS PIEUSES.

LES mendians qui font partie du cortége impérial, reçoivent d'abondantes aumônes. En effet, la mendicité est indispensable dans un pays où il n'y a point d'établissement régulier qui approche des hôpitaux d'Europe.

Les Japonais, attaqués de maladies dangereuses, espèrent fléchir la rigueur de la divinité, en faisant des aumônes, et surtout en envoyant des vivres aux pauvres.

Pendant que M. Golownin étoit détenu à Matsmai, sa table et celle des autres prisonniers, ordinairement assez mal servie, se trouva un jour couverte de mets succulens et recherchés. Ils attribuèrent d'abord cette bonne chère à la munificence du gouverneur, mais ils surent qu'ils en étoient redevables à un homme riche qui leur faisoit cette libéralité, dans l'espoir d'obtenir des camis, la guérison d'une indisposition très-grave.

Toutefois il existe dans plusieurs villes des fondations pieuses qui rappellent l'établissement des *Quinze-Vingts*, créé en France par saint Louis.

Lorsque Joritomo, usurpa comme prince séculier, les pouvoirs temporels du daïri, il y eut une affreuse guerre civile entre la faction des fékis et celle des gendzis, du nom de deux empereurs précédens. Kackigo, chef des fékis, tomba après une bataille sanglante et décisive au pouvoir de Joritomo, qui chercha à se l'attacher. Ce brave guerrier répondit :

« J'ai été fidèle serviteur d'un bon maître ; il est mort, personne ne pourra se vanter d'avoir reçu de moi autant de preuves de fidélité et d'affection : je te dois la vie, il est vrai ; mais mon malheur est tel, que je ne puis tourner la vue sur toi sans éprouver la tentation de t'immoler à mon prince légitime. La seule marque de reconnoissance qu'il soit en mon pouvoir de te donner, c'est d'arracher ces deux yeux qui m'excitent à ta perte. »

A ces mots, le fanatique s'arracha les yeux, les mit sur un plateau, et les présenta au vainqueur. Un mélange d'horreur et d'admiration lui ayant fait accorder la liberté, Kackigo se retira dans la province de Fianga, où il fonda, sous le titre de fékis, une société d'aveugles de toutes sortes de rangs et de professions. Ils sont tous séculiers, et leur principale distinction est de se faire raser la tête comme les bussets, ou les aveugles ecclésiastiques.

Dans la manière de se vêtir, ils diffèrent peu du commun des Japonais; mais ils ont des marques respectives de leur rang et de leur dignité. Les plus pauvres ne demandent point l'aumône, ils vivent de divers métiers, et principalement de la musique, art libéral qui semble en tous pays le partage des aveugles. On les emploie dans les cours des grands et des princes, aux solennités publiques et aux fêtes particulières.

Le général de cet ordre d'aveugles, réside à Méaco, et porte le titre d'Osiokf; le daïri lui fait une pension de quatre mille trois cents taëls. Il gouverne sa société à la tête d'un conseil de dix anciens, avec le pouvoir de vie et de mort sur ceux qui la composent, sauf la ratification par le président de la justice, de tout arrêt portant une peine capitale.

Les supérieurs provinciaux ont le titre de Kengios, et des subdélégués nommés Kotos, lesquels se distinguent du commun des aveugles, par l'ampleur de leurs culottes.

# SECTE DE BUDSDO.

Cette secte est venue au Japon, de la côte occidentale des Indes Orientales. Budsdo est évidemment le même que Budda, prétendu prophète des Brames, lequel, selon les peuples d'Asie, est né dans l'île de Ceylan, mille ans avant la naissance du Christ.

La doctrine de Budda ou de Fo, (car c'est absolument la même), n'a fait de progrès en Chine, que longtemps après sa première introduction :

elle est arrivée par degrés dans la Corée, et elle est passée de là au Japon, où elle a été universellement reçue. Confondue avec l'ancienne secte de Sinto, elle a donné naissance aux superstitions les plus monstrueuses et les plus absurdes.

Les principaux dogmes des sectaires consistent dans les maximes suivantes : Que les âmes des hommes et des animaux sont également immortelles ; Qu'une juste rétribution de peines et de récompenses a lieu immédiatement après la mort ; Qu'il y a différens degrès de félicité, aussi bien que de misère ; Que les âmes des méchans passent après leur mort dans le corps des animaux, et qu'après l'expiation de leurs péchés, elles revêtent de nouveau des formes humaines.

Les adorateurs de Budsdo donnent à l'Etre-Suprême et bienfaisant, le nom d'Amida ou de Xaca; ils nomment Jemma le génie du mal. Quant à Budsdo, qui n'est qu'un dieu incarné, ou plutôt un grand prophète, ils lui rendent aussi un culte.

Le Fokekio est le livre sacré des budsdistes. Ce nom signifie le livre des plus belles fleurs. Ils le présentent comme ayant été composé par Anman et Cajsa, les deux plus illustres disciples d'Amida, douze cents ans avant J. C. Les prêtres de cette secte s'habillent à peu près comme les prêtres catholiques : on croit qu'ils ne mangent ni chair ni poisson frais.

L'austérité de leurs dehors, le crédit qu'on leur suppose auprès des dieux, le soin qu'ils ont d'attirer dans leur corporation des jeunes gens d'une naissance illustre, inspirent la vénération des peuples. Ils font un débit prodigieux de certaines robes de papier, dont tous leurs sectateurs veulent mourir revêtus. Ils distribuent des pains bénits dont ils exaltent les vertus à proportion du prix qu'on leur en donne. Ils vendent jusqu'au mérite de leurs bonnes œuvres, mais en se réservant la principale récompense. On les a vus donner des lettres de change payables en l'autre monde.

L'attrait le plus séduisant de cette secte pour une nation du caractère des Japonais, est l'immortalité qu'elle promet à la vertu dans une plus heureuse vie. De là ce dévouement barbare d'individus de tout âge et de tout sexe, qui courent à la mort, les uns de sang-froid, d'autres avec enthousiasme, persuadés qu'un tel sacrifice est agréable aux dieux, et que dans l'autre monde ils seront admis à la félicité suprême sans autre épreuve.

Rien de plus commun, suivant Kæmpfer, que de voir le long des côtes de la mer, des barques remplies de ces fanatiques qui se précipitent dans l'eau, chargés de pierres, ou qui, perçant leur barques, se laissent insensiblement submerger, en chantant les louanges du dieu Canen, dont ils placent le paradis au fond des flots. Une multitude infinie de spectateurs les suit des yeux, célèbre leur courage par des acclamations, et implore leur bénédiction avant qu'ils disparoissent.

D'autres s'enferment et se font murer dans d'étroites cavernes, où ils peuvent à peine tenir assis. Un tuyau y introduit l'air extérieur, afin de prolonger, non leur existence, mais leur agonie, car ils se laissent mourir de faim dans l'espérance que Xaca lui-même viendra délivrer leurs âmes. On en voit qui montent sur des pointes escarpées de rocher, au-dessus de soufrières ardentes, d'où s'échappent parfois des flammes. L'apparition de ces flammes est, suivant eux, la preuve que leur sacrifice est agréé; aussitôt fermant les yeux, ils se précipitent au fond de l'abîme.

On ne promène pas dans les rues l'idole du dieu Amida, sans qu'une multitude de malheureux courent se faire écraser sous les roues de son char, ou bien ils entrent à dessein dans la foule qui visite les temples, afin de s'y faire étouffer.

Tous les budsdistes ne poussent pas si loin la superstition, mais ils s'imposent au moins d'austères pénitences.

Un grand nombre de ces idolâtres, dans la saison la plus froide, commencent la journée par se faire verser sur la tête et sur tout le corps, jusqu'à deux cents cruches d'eau glacée, sans qu'on remarque en eux le moindre frémissement.

Nous avons déjà parlé des pèlerinages : ceux qui les entreprennent marchent quelquefois nu-pieds sur des pointes de cailloux, à travers les ronces et les épines, la tête découverte, bravant les ardeurs du soleil, la pluie et le froid, grimpant au sommet des rochers les plus escarpés, courant avec une vitesse inconcevable dans des lieux où les daims et les chamois passeroient avec moins de hardiesse, et marquant à ceux qui les suivent, le chemin tracé de leur sang.

Quelques-uns font vœu d'invoquer leurs dieux des milliers de fois par jour, prosternés contre terre, et frappant chaque fois le pavé de leur front, jusqu'à effusion de sang.

Les damabagis sont des pèlerins qui s'assemblent tous les ans, au nombre de deux cents dans la ville de Nara à huit lieues de Méaco. Ils ont soixante-quinze lieues à faire, mais par des chemins si exécrables qu'ils peuvent à peine en parcourir une par jour. Chacun d'eux porte pour tout le voyage sa provision de riz, qui n'est pas un fardeau pesant; car il n'est permis de prendre le matin et le soir qu'autant de riz grillé qu'il peut en tenir dans le creux de la main, avec trois verres d'eau.

Les huit premiers jours, on ne trouve pas une goutte d'eau sur la route, et il faut porter sa provision; mais comme elle manque ou s'altère bientôt, plusieurs en tombent malades, et abandonnés par leurs compagnons, ils périssent dans les plus cruelles souffrances.

Des bonzes leur servent de guides. Les uns se nomment *ginguis*, les autres *goguis*. Ce sont des moines qui mènent une vie extrêmement pénitente. On ignore dans quels lieux ils se retirent. L'idée qu'on a conçue de ces hommes extraordinaires, leur figure qui a quelque chose d'affreux, leur air et leur regard farouche, leur son de voix, leur démarche, l'agilité avec laquelle ils courent sur le penchant des rochers bordés de précipices, inspirent l'épouvante aux plus intrépides. Le vulgaire ne doute pas que ces conducteurs n'aient de fréquens entretiens soit avec des démons, soit avec Xaca lui-même.

L'autorité qu'ils exercent sur les pèlerins ne peut être conçue que par ses effets. Ils commencent par les avertir d'observer exactement le jeûne, le silence, et toutes les règles établies; après quoi, pour la moindre faute, ils prennent le coupable, ils le suspendent par les mains au premier arbre, et l'y laissent exposé au plus affreux désespoir. Dans cette situation, un malheureux à qui la force manque bientôt pour se soutenir, tombe et roule de précipice en précipice.

Les spectateurs n'osent pousser la moindre plainte : un fils qui pleureroit son père, un père qui donneroit le moindre signe de compassion pour son fils, recevroit le même traitement.

Vers la moitié du chemin, on arrive dans un champ où les bonzes font asseoir tous les pèlerins, les mains en croix, et la bouche collée sur leurs genoux. C'est la posture des Japonais pendant leurs prières. Il faut demeurer dans cette position pendant vingt-quatre heures. De grands coups de bâton puniroient le moindre mouvement. Tout ce temps est destiné à faire l'examen de sa conscience, pour se disposer à la confession de tous les péchés où l'on est tombé depuis le dernier pèlerinage. Après cette préparation, toute la troupe se remet en marche.

Le terme du voyage est une roche escarpée qui semble se perdre dans les nues. Au sommet de ce rocher les goguis ont dressé une machine par laquelle ils font sortir une longue barre de fer qui soutient une balance fort large. Ils placent les pèlerins l'un après l'autre dans un plateau de la balance, en mettant de l'autre côté un contre-poids pour l'équilibre. Ils poussent ensuite la barre en dehors, et le pèlerin se trouve suspendu au-dessus d'un profond abîme.

Tous les autres sont assis sur la crête des montagnes d'alentour, d'où ils peuvent voir ce malheureux pénitent, qui doit déclarer à haute voix tous ses péchés. Si les bonzes croyent s'apercevoir qu'il ne s'explique pas avec la sincérité convenable, ils secouent le fléau de la balance, et ce mouvement fait tomber le malheureux dans un précipice.

Lorsque tous ont passé par cette périlleuse épreuve, ils sont conduits dans un temple de Xaca, où se voit la statue de ce dieu en or massif, à ce que disent les Japonais (1) ; elle est entourée de plusieurs petites idoles, dont le nombre augmente chaque année. Après avoir fait leurs dévotions et donné une rétribution aux prêtres,

(1) Il est plus vraisemblable que c'est en plâtre doré. L'abbé de Choisy, dans le cours de l'ambassade française à Siam, a été dupe de plusieurs impostures de ce genre.

les pèlerins célèbrent leur délivrance par une fête en commun, et chacun se retire par le chemin qu'il juge convenable.

# FÊTES RELIGIEUSES.

Il faut convenir qu'au Japon les cérémonies religieuses ne laissent pas de dégénérer parfois en divertissemens profanes. On célèbre tous les ans une fête en l'honneur du dieu Souwa qui est comme le patron de Nangasaki. Cette fête consiste en une longue suite de divertissemens et de représentations théâtrales. On va essayer d'en donner une idée.

Pendant plusieurs jours consécutifs, on fait une procession plus bouffonne que religieuse. Viennent d'abord deux chevaux maigres et affamés, suivis d'une foule d'hommes portant des étendards bigarrés, une lance dorée, un grand bâton surmonté d'un plumet figuré avec des feuilles de papier blanc, et un autre auquel est suspendue une paire d'énormes pantoufles. Après eux marchent un bon nombre de quêteurs, ensuite paroît une tente magnifique, sous laquelle on porte l'idole. La châsse est de forme octogone, d'un beau travail, vernissée, dorée, et enrichie de miroirs métalliques; au-dessus s'élève la figure d'une grue en or. On porte par derrière une paire de petits sabots que l'on doit chausser quand on se présente à la cour de l'empereur ecclésiastique, ou chef de la religion. Le cortége est fermé par deux mauvais chevaux qui ne sont que des squelettes animés, par les prêtres et par la foule du peuple.

La procession se met en route vers le principal temple, sur le mont Tatta. On y arrive par quelques centaines de degrés. La grande cour de l'édifice est ornée de tableaux et de statues qui ont été offerts par des personnes pieuses, et que les naturels du pays regardent comme des chefs-d'œuvre.

Aussitôt que la procession s'est mise en marche, on voit paroître quatre délégués du gouverneur, précédés de vingt soldats armés de lances au sommet desquelles flottent des panaches. Ces quatre éminens personnages, avant d'entrer dans le temple, se lavent gravement les mains dans un bassin placé exprès devant l'entrée. Arrivés dans l'enceinte sacrée, ils boivent de mauvaise eau-de-vie de riz, en commémoration de ceux de leurs ancêtres qui ont vécu pauvres.

On élève aussi sur la place principale un temple qui, n'étant construit que pour cette occasion solennelle, est tout simplement de bambou, et couvert en paille. C'est là que se distribuent des aumônes, et que les prêtres eux-mêmes reçoivent des gens riches de grandes libéralités.

Ces cérémonies religieuses sont suivies de spectacles et de ballets. Le cortége est bien différent de celui qui vient d'être décrit. La marche est ouverte par un homme portant un superbe parasol tout doré, sur lequel est inscrit en gros caractères le nom de la rue dont les habitans donnent la fête à leurs dépens. Il y a ordinairement à cet égard une grande rivalité entre les divers quartiers de la ville.

Le parasol est accompagné de musiciens qui jouent de la flûte, ou frappent de petits tambours, pendant que d'autres chantent des airs. Une telle musique est peu réjouissante pour les Européens; mais les Japonais goûteroient peu la nôtre.

Après les musiciens, viennent les décorations et les machines. Les plus pesantes sont portées par des ouvriers; quant aux objets les plus légers, tels que les bâtons, les fleurs, les paniers et les bancs de gazon, ils sont portés par les enfans de la rue.

Les comédiens qui paroissent ensuite sont magnifiquement vêtus; au milieu d'eux sont les danseurs qui exécutent des mouvemens lents et peu gracieux. Le cortége est fermé par les habitans de la ville, en habits de fête; ils vont deux à deux, ayant par derrière un domestique qui leur apporte un siége.

Lorsqu'on est arrivé dans l'endroit où s'élève le théâtre, chacun prend sa place selon son rang et ses fonctions. Deux des prêtres principaux, vêtus de noir, et entièrement voilés, se tiennent sur les premières banquettes, avec une petite baguette à la main.

Derrière eux se placent quatre prêtres vêtus de blanc, et coiffés de bonnets noirs. Le troisième et dernier banc est occupé par les autres ecclésiastiques. Leur coiffure est une espèce de bonnet de grenadier vernissé.

C'est ainsi qu'au Japon les prêtres loin de proscrire les spectacles, en sont les principaux spectateurs. Il en étoit de même dans Rome antique, où les vestales assistoient aux combats des gladiateurs eux-mêmes.

Après les deux prêtres principaux, sont placés le délégué du gouverneur, un peu plus haut, et sous une tente d'un tissu précieux. Quant aux spectateurs vulgaires, ils sont surveillés et contenus par de nombreux officiers de police.

Les théâtres japonais ne sont point comme les nôtres, divisés par des coulisses ; néanmoins on y fait successivement paroître diverses décorations sur toiles peintes, d'un très-bon effet. On voit tour à tour des maisons, des jardins, des fontaines, des ponts, des montagnes, des forêts, et quelquefois l'illusion est complète. On change la scène en un clin d'œil, et avec une dextérité qui feroit envie aux machinistes de notre Opéra.

Les comédiens, hommes et femmes, sont dans chaque pièce, au nombre d'environ une douzaine; on prend les actrices parmi les courtisanes; les acteurs sont des jeunes gens de la rue qui fait les frais de la représentation. Ainsi le préjugé dont les comédiens de profession sont l'objet en Europe, n'existe au Japon qu'à l'égard des femmes.

Les costumes sont la plupart très-brillans, et appropriés au personnage. Tous sont absolument neufs, car on regarderoit comme une honte en cette circonstance, de se vêtir d'un habit qui auroit déjà été porté.

La pièce qu'a vu représenter le jeune Kotzebuë, et dont il fait la description dans une lettre à son père, étoit écrite en vers, et retraçoit une aventure amoureuse des temps héroïques. Des chœurs de chant et de danse interrompoient le dialogue, comme chez les anciens Grecs.

Admis par faveur à la représentation, et caché dans un coin par les prêtres, il ne put rien comprendre aux paroles, mais devina à peu près la pantomime. Il s'agissoit de deux princes qui se disputoient à la fois un trône et une amante; il paroît qu'au dénoûment la princesse étoit assassinée par ordre de la mère des deux rivaux. Les sujets des pièces japonaises doivent toujours être pris dans l'histoire ancienne du pays ; et l'on ne peut que louer cette méthode ; elle est propre à conserver les souvenirs glorieux des ancêtres. Il y avoit plusieurs scènes pathétiques, où les acteurs poussoient des gémissemens, et faisoient des gesticulations véhémentes ; elles ne manquoient point leur effet sur les spectateurs qui témoignoient par des larmes toute leur émotion. Mais bientôt, au moment le plus touchant, on voyoit paroître un personnage bouffon, comme l'arlequin des parades italiennes, ou le niais des mélodrames ; à sa voix, à ses *lazzi*, tout le public se remettoit, et éclatoit de rire. Au reste, ni les danseurs, ni les comédiens ne témoignoient jamais la moindre hésitation ;

on eût dit qu'ils s'acquittoient d'une tâche journalière.

Le spectacle, sans y comprendre la procession, dura environ deux heures de la matinée ; car à midi toute représentation théâtrale doit être terminée. Quand il fut fini, les deux principaux prêtres se levèrent de leur siége, s'acheminèrent avec leur gravité imperturbable, vers la tente des délégués, les remercièrent d'avoir honoré la fête de leur présence, et le cortége se remit en marche.

Les fêtes ordinaires, qui correspondent à nos dimanches, sont d'abord le premier jour de chaque mois. On se lève de bonne heure, on se revêt de nouveaux habits, et l'on rend visite à ses amis, et à ses supérieurs en leur souhaitant toutes sortes de prospérités pendant la nouvelle lune. Cette coutume remonte aux temps les plus reculés. La pleine lune, ou le quatorzième jour du mois, est une autre fête, qui attire dans les temples un concours bien plus nombreux. La troisième fête moins importante tombe le 28, la veille de la nouvelle lune.

Outre ces fêtes mensuelles, il y en a cinq annuelles. La première et la principale est celle du nouvel an. A cette époque on se livre de toutes parts à la joie.

La fête de la nouvelle année dure tout un mois; mais les principales réjouissances ont lieu pendant deux semaines, seulement depuis la nouvelle jusqu'à la pleine lune. Pendant ce temps les tribunaux sont fermés, les travaux sont suspendus, et l'on ne songe qu'à faire des visites. C'est à cette époque que l'on renouvelle sa garderobe, et cette fête n'est pas moins solennisée que la Pâque parmi les Russes. L'usage veut que l'on visite en personne ses amis de la ville, et que l'on écrive des lettres de complimens à ceux de la campagne. Les cartes de visite contiennent le nom de la personne qui les remet, celui de la personne à qui elles s'adressent, et le motif du message. Les lettres de félicitation sont d'un style ampoulé, dont voici un échantillon que rapporte M. Golownin :

« Dans l'année qui vient de finir, vous étiez heureux et bien portant ; je souhaite que dans l'année qui va commencer vous jouissiez d'une santé parfaite et de toutes sortes de prospérités. Je vous honore, comme je vous ai toujours honoré, et vous prie de ne point m'oublier. »

Voici la manière dont M. Krusenstern décrit les cérémonies qui eurent lieu pendant le séjour de l'ambassade russe, et les félicitations dont ils furent l'objet. Les plus empressés à leur présenter des complimens furent sans doute les moines mendians qui ne négligeoient aucune occasion de leur extorquer des largesses, et le portier ou plutot le geôlier de leur prison. On trouve dans l'atlas du Voyage des Russes, le portrait de ce dernier, et celui d'un moine de la secte mendiante d'Ochiosan. (*Voyez la planche en regard.*) Le bonze tient à la main des lettres d'indulgence ou d'absolution.

Moine de la Secte d'Ochiosan. Portier de Mégasaki.

« Le 31 décembre dit M. Krusenstern, les Hollandais célébrèrent la fin de l'année. Presque tous les interprètes furent régalés à Dézima, et nous y aperçumes le soir une grande illumination. Quant à nous, confinés à Nangasaki, il fallut nous armer de patience et de philosophie, et nous contenter d'un modeste verre de punch.

» Le 29 janvier commençoit la nouvelle année japonaise : ce fut l'occasion de grandes réjouissances pour tous les habitans du pays. On plaça à la porte de toutes les maisons, un trophée de paille tressée, représentant une écrevisse, une orange ou un chou. Il y avoit aussi des pyramides de fruits secs, de deux sortes de coins particuliers au pays, de sel, de riz, d'une algue marine (*fucus saccharinus*), de bambous avec leurs feuilles ou de fougères.

» L'écrevisse est pour les Japonais le symbole de la reproduction, parce qu'une de ses pates arrachée se reproduit d'elle-même ; ils considèrent en outre comme symbole de la santé, sa couleur d'un rouge vif.

» L'orange est appelée dans leur langue *dai-dai ;* ce mot signifie aussi prospérité, et l'on ne croit pas pouvoir former un meilleur souhait, pour la nouvelle année. Le mot *sumi* veut dire également chou et richesse : ainsi cet emblème s'explique de lui-même. Les autres objets sont regardés au Japon comme d'une nécessité indispensable.

» Les Japonais, suivant leur rang et leurs moyens, se font mutuellement des présens de ce genre. On en envoya un à l'ambassadeur, très-rare dans le pays, et qui n'est adressé qu'aux personnages les plus illustres et les plus élevés en dignité. Sur un joli coffre de bois neuf, s'élevoient deux grands gâteaux de riz cuit, surmontés d'une écrevisse, d'une orange, d'un morceau de fucus saccharinus, de châtaignes salées, de figues, de gazon, de différentes sortes de feuilles et de paille. Au-dessus du tout se trouvoit une grande feuille de papier pliée, et contenant des félicitations pour le nouvel an.

» Le lendemain, 30 janvier, étoit le véritable jour de la fête. A cette occasion, l'on se fait des visites, qui se prolongent jusqu'au soir. Les solennités durent trois jours; on se sert alors d'un habit de cérémonie. Tout le monde, depuis l'empereur jusqu'au plus pauvre sujet, porte par-dessus ses vêtemens ordinaires, un costume particulier. C'est une robe de coton d'un bleu pâle, de la même qualité et de la même façon pour les personnes de tous les rangs et de tous les états.

» Le 1er février, un interprète vint chez l'ambassadeur en habit de cérémonie ; le gouverneur l'envoyoit faire le souhait de bonne année.

» Le 2 février, dernier jour de la fête, on apporta une petite boîte de pois grillés, qui furent répandus dans tous les coins de la maison, afin d'en chasser le diable et les mauvais esprits.

» Le 4, on enleva tous les emblêmes, et l'on plaça devant les maisons de petits bouquets de fruits secs, afin de célébrer l'approche du printemps.

« Le 11 et le 13 du même mois, on brûla tous les cadeaux fictifs et emblématiques de nouvelle année, et l'on suspendit vers le milieu de la porte de chaque maison, une idole, pour empêcher l'entrée des maladies. »

L'année des Japonais est lunaire ; ainsi elle se divise selon le nombre des lunaisons, tantôt en douze, tantôt en treize mois. Le quinzième jour de chaque mois est consacré au repos. Les heures sont doubles des nôtres, attendu qu'on n'en compte que douze ; on compte les heures d'après le lever et le coucher du soleil, en indiquant six heures du matin au lever, et six heures du soir au coucher : en sorte que midi et minuit sont, suivant leur calcul, le premier à neuf heures du matin, et le dernier à neuf heures du soir.

L'ère japonaise commence au Nin-O, six cent soixante ans avant la naissance du Christ.

Le dieu que les habitans invoquent au renouvellement de l'année, est Tossi-Kobou. Il est représenté debout, vêtu d'une robe traînante, avec une longue barbe, un front d'une largeur énorme, et un éventail à la main. C'est le dieu du bonheur, et l'on attend de lui le succès de ses entreprises, commerciales et autres.

Il existe toutefois un dieu particulier pour le commerce, c'est Daï-Koson, que l'on figure assis sur un ballot de riz, tenant de la main droite un marteau, avec lequel il fait sortir tout ce qu'il veut du sein de la terre. Il a près de lui un grand sac, pour y déposer les productions diverses.

D'après une coutume immémoriale, on ferme tous les comptes le dernier jour de l'année; les créanciers et les débiteurs se liquident respectivement, et l'on ouvre alors de nouveaux crédits.

Quelques jours avant la nouvelle année, on fait une exécrable cérémonie : elle consiste à fouler aux pieds des crucifix et des images, représentant la Vierge et l'Enfant Jésus. On veut par là imprimer aux peuples l'horreur du christianisme, et s'assurer s'il n'en resteroit pas quelques vestiges. Voilà pourquoi cette coutume a lieu surtout dans les endroits qui ont été fréquentés autrefois par les chrétiens. On se livre dans Nangasaki à cette profanation pendant quatre jours consécutifs; on met ensuite les images dans un dépôt, jusqu'à l'année suivante. Le gouverneur et les personnes de sa suite sont les seuls qui soient dispensés d'une pareille profession de foi. Quant aux Hollandais, bien loin qu'ils soient forcés de participer au sacrilége, ils n'en sont pas même témoins.

La seconde fête annuelle est le troisième jour du troisième mois.

La troisième est célébrée le cinquième jour du cinquième mois.

La quatrième a lieu le septième jour du septième mois.

La cinquième est indiquée au neuvième jour du neuvième mois.

La description complète et détaillée de ces cinq fêtes fixes, se trouve dans les manuscrits de M. Titsing.

Il est remarquable que toutes tombent à des jours impairs ; c'est sans doute pour cette raison que de telles époques sont réputées malheureuses pour les affaires ; mais il est permis de les passer en plaisirs et en félicitations mutuelles. C'est une maxime reçue chez les Japonais, que les dieux prennent un grand plaisir à la joie et au bonheur des hommes.

On voit que, malgré la gravité qui est le caractère distinctif des Japonais, ils ne sont cependant pas ennemis des plaisirs et des fêtes. Quelques unes de ces solennités font partie de la religion. Telle est par exemple la fête des Lanternes, qui est une des plus remarquables.

Le fête des Lanternes est célébrée à la fin du mois d'août, et dure trois jours. Les Japonais l'appellent *Bang*.

Dans l'origine elle étoit instituée en commémoration et en honneur des morts, qui, selon les habitans, retournoient vers leurs amis et leurs parens, depuis la première soirée de la fête jusqu'à la seconde.

Pour fêter l'arrivée de ces ombres chéries, on suspend à des bambous une multitude de lampes au-dessus des tombeaux. Lorsque les âmes sont censées devoir repartir, on porte à minuit en procession, un petit navire de paille, rempli de lumières et de lanternes. On lance ce vaisseau dans la rivière ou dans la mer, au son de la musique, et en jetant de grands cris, jusqu'à ce qu'il soit entièrement consumé ou englouti.

Il y a néanmoins, dans le cours de la seconde lune, une fête plus sanglante que religieuse. Des cavaliers bien montés et armés de toutes pièces portant chacun sur sa cotte d'armes la figure du dieu dont il suit la secte, se rendent sur une espèce d'esplanade, et s'y rangent en bataille par escadrons.

Le combat commence d'abord de loin à coups de pierres et de flèches; on s'attaque ensuite corps à corps, la lance ou le sabre à la main.

Rien n'égale la fureur des champions, car cette prétendue fête est le rendez-vous ordinaire de ceux qui ont quelque querelle à vider. Chacun se venge sous le masque de la religion et sous les auspices des dieux. Le champ de bataille demeure couvert de morts et de blessés, sans que la justice ait droit de prévenir ces violences, ou d'en rechercher les auteurs.

Cette solennité abominable a lieu en l'honneur de Maristinès, dieu de la guerre. Quelquefois, dans certaines provinces, on y montre moins de barbarie.

Les champions s'avancent à pied ; ce sont de petits garçons qui commençent l'escarmouche. Arrivés à la portée du mousquet, on tire sans balles, et quand on est à portée, on se livre à l'exercice de la lutte.

Il y a aussi des enceintes réservées aux lutteurs ; on y dresse des amphi-

*Lutteurs Japonais.*

théâtres pour recevoir des spectateurs en grand nombre.

Les lutteurs ont les cheveux serrés sous un filet semblable à la *rescille* des Espagnols. (*Voyez la planche en regard.*) Tout nus du col à la ceinture, ils ont sur les reins une ceinture de cuivre aux armoiries impériales. Le devant de leurs jambes est protégé par des plaques du même métal, et leur caleçon est retroussé avec une petite corde passée à la ceinture. Celui qui a gagné le prix reçoit une pièce d'or ou d'argent.

Les Japonais ont, comme les anciens Grecs et comme les *boxeurs* anglais, recours au pugilat pour s'endurcir à la fatigue et aux exercices pénibles. Quelques-uns disent que la lutte facilite la digestion aux estomacs foibles ; mais il ne faut pas oublier qu'on s'y expose à des contusions très-graves, d'où résultent quelquefois des accidens fâcheux, et la mort. La précaution que prennent les athlètes de garnir de plaques de cuivre les parties du corps les plus délicates, prouve la violence des coups qui sont portés de part et d'autre.

On célèbre, vers la fin de l'année, une fête à laquelle les interprètes hollandais donnent le nom de *Kermès*. Il existe en ce pays un réglement très-sage, d'après lequel les fêtes religieuses ou nationales ne doivent pas durer plusieurs jours consécutifs, mais être séparées par des intervalles consacrés au travail. Il en résulte que les occupations industrielles éprouvent peu d'interruption.

Chez nous, le jour de l'an est encore une époque mémorable pour les enfans. Il n'en est pas de même au Japon. C'est à une autre période de l'année qu'ils reçoivent des poupées, des friandises, et d'autres légers cadeaux (1).

On donne à cette fête le nom de *Maussoume-Matzury*. Elle dure deux jours. Elle se signale par des solennités peu proportionnées à un objet aussi puéril.

Le renouvellement de l'année lunaire des Japonais avoit lieu le 29

---

(1) En Allemagne, les enfans reçoivent leurs présens annuels, non pas précisément au 1er janvier, mais aux fêtes de Noël. On voit à ce sujet un épisode touchant dans le roman de Werther.

janvier lors du voyage de Krusenstern; celle de la distribution des poupées se fit le 1er avril.

Les Russes détenus à Matsmai furent témoins de la fête dédiée aux enfans. Dans une belle soirée du mois d'août, tous les enfans mâles de la ville furent amenés au château-fort; on les fit jouer, chanter, danser, lutter, et exécuter l'exercice du sabre en présence du gouverneur et de tous les magistrats civils. On leur donna ensuite un souper où furent servies toutes sortes de friandises.

Le nombre de ces enfans étoit de plus de quinze cents; ils appartenoient tous à des parens aisés, et qui avoient assez de moyens pécuniaires pour les bien vêtir. Il n'y avoit parmi eux aucune petite fille, parce que les lois japonaises ne permettent point aux personnes du sexe l'entrée d'une place forte.

---

# PERSÉCUTIONS

## CONTRE LES CHRÉTIENS.

Les Japonais ne persécutent que la religion chrétienne, et sont fort tolérans pour toutes les autres ; ils souffrent dans leur empire nne multitude de sectes et de croyances diverses.

Lors de l'extermination des chrétiens, on plaça au coin des rues et dans tous les lieux publics, des tables de pierre, avec cette inscription : « Quiconque dénoncera un chrétien recevra cinq cents piastres d'argent pour récompense. »

Une loi oblige les maîtres à ne point prendre un employé ou serviteur sans lui faire déclarer, par écrit, qu'il n'est point chrétien.

Il existe à Nangasaki, lieu où le christianisme fut autrefois le plus répandu, un escalier sur les marches duquel on expose à la plus horrible profanation un crucifix, et divers objets consacrés au culte catholique. Tous les habitans de Nangasaki sont tenus, à la fête de la nouvelle année, de monter sur cet escalier, et d'y fouler aux pieds les signes révérés des chrétiens. On assure cependant qu'il se trouve encore des Japonais qui professent secrètement le christianisme, et ne craignent point de faire cette abjuration simulée.

L'esprit de tolérance du gouvernement japonais avoit singulièrement favorisé autrefois la propagation du christianisme; non-seulement on a vu en ce pays une ambassade du pape, mais (chose qui aujourd'hui doit nous paroître inconcevable!) une légation japonaise fut envoyée à Rome auprès du pape Grégoire XIII.

Les deux principaux membres de cette ambassade étoient *Manio-ito*, cousin du prince ou gouverneur de Fiunga, et Michel Cinga, proche parent des princes d'Arima et d'Omura; ils n'étoient pas précisément envoyés par leur souverain, mais par les trois grands seigneurs dont ils étoient parens. Montanus donne à ces seigneurs le titre de *rois* ; mais ce n'étoient évidemment que des vice-rois ou des princes tributaires.

Les deux jeunes Japonais, qui ne comptoient pas l'un et l'autre plus de quinze ans, étoient accompagnés de deux jésuites portugais, et sous la direction d'un jésuite, Japonais de nation, qui avoit pris au baptême le nom de Georges de Loyola.

Le père inquisiteur des jésuites, dans leur pays, Alexandre Valignani, avoit inspiré à ces jeunes gens le goût de visiter l'Europe. Ils arrivèrent successivement à Lisbonne, à Madrid, à Florence et dans la capitale du Monde chrétien.

L'illustre historien de Thou (1) rend

(1) 81e. livre de l'Histoire de Thou.

compte en termes pompeux de cette ambassade. Les Japonais se prosternèrent devant le Saint-Père, et lui baisèrent les pieds; on fit ensuite lecture de la traduction italienne des lettres de créance expédiées au nom des trois princes.

Celle du prince *Barthélemi* d'Omura portoit en titre ces paroles: Les mains élevées vers le ciel, je consacre ceci au très-saint et souverain pontife, vicaire de Dieu.

Plusieurs discours analogues à la cerémonie furent successivement prononcés par le père Gaspard Consalvi, jésuite portugais, et Antoine Bucapadulli, qui harangua les Japonais au nom du pape, et termina ainsi son discours:

« Dieu veuille, ô très-illustres

ambassadeurs du Japon, que tous les peuples dispersés dans les Indes orientales suivent votre exemple, pour abjurer leur abominable paganisme, et se réunir au sein de l'Eglise Romaine. »

On peut juger par là de l'influence que les jésuites avoient acquise au Japon; mais les Portugais, cédant à leur odieuse avidité, changèrent bientôt en une haine violente ces dispositions favorables.

J'ai souvent entendu, dit Kæmpfer, raconter par des Japonais dignes de foi, que l'orgueil et l'avarice contribuèrent beaucoup à rendre toute la nation portugaise odieuse au Japon.

Les richesses et les succès imprévus de la propagation de l'Evangile enflèrent d'orgueil les laïcs et le clergé.

Les principaux ecclésiastiques trouvèrent au dessous de leur dignité d'aller toujours à pied, à l'imitation de Jésus-Christ et de ses apôtres. Ils n'étoient pas contens s'ils ne se faisoient porter dans de magnifiques norimons, en imitant la pompe des cardinaux romains.

Un jour un évêque portugais rencontra dans la rue un ministre qui se rendoit à la cour : le superbe prélat ne voulut pas faire arrêter sa chaise pour mettre pied à terre et rendre ses respects à ce grand seigneur, suivant l'usage du pays. Une telle imprudence, dans un temps où les Portugais commençoient à déchoir de leur crédit, ne pouvoit avoir que des suites funestes pour le christianisme lui-même.

A la vérité, les Bonzes irrités de

voir leurs temples abandonnés ou renversés, échauffèrent le ressentiment de la cour, et présentèrent les chrétiens comme une association mystique et dangereuse. Les gouverneurs des provinces reçurent ordre d'employer ou la persuasion ou la force pour ramener les peuples à l'ancienne religion du pays.

On commença par renvoyer les prêtres, et par défendre aux directeurs du commerce espagnol ou portugais d'en amener d'autres. Ces ordres ne furent pas ponctuellement exécutés; mais le faux zèle de quelques religieux franciscains hâta leur ruine. Ces pères cordeliers, envoyés en ambassade par le gouverneur de Manille, osèrent, malgré les avis et les remontrances des jésuites eux-mêmes, bâtir une église à Méaco, et prêcher publiquement dans les rues.

Ce fut le signal d'une persécution qui n'a rien d'égal dans l'histoire de l'Eglise. Plusieurs milliers de chrétiens furent incontinent massacrés, et la persécution dura plus de quarante ans.

Les Portugais ne furent pas d'abord entièrement expulsés ; on leur assigna pour demeure l'île de Dézima, qu'habitent aujourd'hui les Hollandais. L'accusation vraie ou fausse d'un complot contre la personne du souverain, acheva de les perdre. Les Hollandais firent la découverte de cette conspiration : ayant pris un bâtiment portugais à la hauteur du cap de Bonne-Espérance, ils y trouvèrent des lettres qu'ils s'empressèrent de produire, et qui contenoient des preuves en apparence indubitables.

Tavernier et d'autres voyageurs se sont inscrits en faux contre ces pièces; ils en ont attribué la fabrication à un sieur Caron, membre de la compagnie de Batavia. Si ces lettres étoient fausses, l'écriture et les cachets s'en trouvoient si bien imités, que ceux à qui on les attribuoit protestèrent en vain de leur innocence. Eux et leurs principaux complices furent condamnés aux supplices les plus affreux. Un édit de 1639 défendit l'entrée du Japon aux étrangers, et la sortie des sujets.

La compagnie hollandaise étoit elle-même exclue par cette rigoureuse ordonnance; elle n'obtint une exception que sous les conditions les plus dures, et peut-être les plus honteuses. On obligea les Hollandais à combattre eux-mêmes contre les chrétiens, et à canonner une vieille forteresse où s'étoient retirés quarante mille de ces japonais réduits au désespoir. Le siége dura quinze jours, et les malheureux furent exterminés jusqu'au dernier.

Kœmpfer observe, avec tout le désintéressement d'un honnête historien, qu'un empressement si soumis pour l'exécution d'un ordre qui entraînoit la destruction du christianisme, rendit à la vérité la cour propice aux Hollandais, mais que les Japonais les plus distingués ne portèrent pas un jugement favorable de leur conduite. Il leur parut contraire à la raison d'espérer qu'ils pussent être sincèrement fidèles à un monarque étranger qu'ils regardoient comme un païen, tandis qu'ils avoient montré tant d'ardeur à égorger des gens avec qui ils étoient d'accord sur les points fondamentaux de leur foi.

C'étoit en vain que les Hollandais cherchoient à donner le change sur cet article; on voit dans l'édit d'un empereur qu'on n'étoit pas dupe de leurs artifices. Voici en quels termes ce prince s'adressoit au chef de leur factorerie :

« Vous tous, ainsi que les Portugais, êtes des chrétiens, vous observez le dimanche; vous avez l'ère chrétienne, les dix commandemens, l'oraison dominicale, le symbole des apôtres, etc. En un mot, c'est au fond un même culte; les différens qui existent entre vous nous paroissent de très-peu d'importance : que vous soyez chrétiens, c'est ce qu'on sait depuis long-temps, mais nous avions cru que vous adoriez un autre Christ. »

On a vu dans le premier volume, à quelles conditions les Hollandais font dans le seul port de Nangasaki un commerce qui est restreint de plus en plus. Ils sont obligés d'éviter le signe de la croix, et toute pratique extérieure du christianisme. Celui qui vole quelque chose aux Hollandais, en est quitte pour la bastonnade, ou tout au plus pour le bannissement, si le crime est énorme. Le châtiment des Hollandais qui fraudent la douane, est une mort certaine : on les condamne au supplice de la croix, et le seul adoucissement qu'ils peuvent attendre, est d'avoir la tête tranchée.

Aucun Hollandais ne peut recevoir de lettre de Batavia, ni en expédier, que la dépêche n'ait été mise sous les yeux du gouverneur avec une traduction conforme.

Autrefois ceux qui mouroient à Dézima étoient jetés à la mer, comme indignes de la sépulture. On a pris enfin le parti de leur assigner un petit cimetière sur la montagne d'Inassa.

Lors de la persécution des chrétiens, les tourmens les plus ordinaires qu'on leur infligeoit étoient d'être brûlés à petit feu, ou mis en croix. Notre divin Rédempteur ayant été crucifié, et ayant eu le flanc percé d'une lance, les Japonais vouloient que les disciples du Christ fussent traités comme leur maître l'avoit été.

Tantôt la croix étant posée à terre, on y étendoit le patient que l'on attachoit par les pieds et par les mains, ensuite on dressoit la croix.

Tantôt la croix étant élevée d'avance, on y montoit la victime à l'aide d'une échelle : quelquefois les pieds n'étant pas appuyés, le patient n'étoit suspendu que par les mains, et enduroit des souffrances inexprimables. Des soldats féroces veilloient près de lui jusqu'à ce qu'il eût expiré.

Vingt-cinq de ces misérables furent un jour mis en croix à Nangasaki, et demeurèrent suspendus plus de vingt-quatre heures. On avoit percé leur tête d'un petit trou par lequel le sang s'écouloit goutte à goutte. Deux des patiens poussés à bout, firent appeler les juges, et abjurèrent solennellement le christianisme. On les mit en liberté après leur avoir ordonné de cracher sur une croix, et leur avoir fait fouler aux pieds l'image du Christ et de la Vierge.

Les autres, persévérant dans leur croyance, furent indignés de la lâcheté de leurs compagnons, et s'excitèrent les uns les autres à souffrir jusqu'à la mort à l'exemple du Sauveur.

Les choses sont aujourd'hui bien changées.

Le gouverneur de Matsmai ne montra pas, à l'égard des Russes ses prisonniers l'intolérance que nous sommes accoutumés à supposer aux Japonais.

Il chargea un jeune interprète, nommé Tèske, de leur demander quels étoient les principes et les dogmes de leur croyance religieuse. Il donna pour motif à ces recherches que le gouverneur de Nangasaki s'informoit avec soin de la religion des Hollandais; et que si, lui, gouverneur de Matsmai, lorsqu'il seroit de retour dans la capitale, n'étoit pas en état de fournir sur celle des Russes les renseignemens convenables, il encourroit de sévères reproches.

Les Russes s'empressèrent d'expliquer les dix Commandemens de Dieu, et quelques-uns des préceptes de l'Evangile. Mais ce n'étoit pas là tout ce qu'on vouloit. Ces maximes, répondit-on, n'appartiennent pas seulement aux chrétiens, mais à tous les peuples qui ont le *cœur blanc* (1) ; nous voulons connoître aussi vos rites et vos usages, les ustensiles dont se servent vos prêtres, et les mystères de votre croyance. Il n'étoit pas aisé de donner à cet égard des détails exacts et satisfaisans, à cause de l'ignorance des interprètes. Cependant M. Golownin et ses compagnons s'expliquèrent de leur mieux, et l'on verra à la fin du quatrième volume, quelle est la véritable cause de l'aversion que les Japonais modernes continuent de porter au christianisme.

---

(1) Les Japonais disent d'un homme probe et vertueux qu'il a le *cœur blanc*, et ils expriment l'idée de la perversité par le mot de *cœur noir*.

FIN DU TOME DEUXIÈME.

# TABLE.

AUDIENCE de l'Empereur du Japon, pag. 1
Audience de congé. — Appartemens intérieur des dames............ 35
Histoire ancienne du Japon. — Forme du gouvernement....... 47
Cour du Daïri, ou Empereur ecclésiastique................ 62
Visite du Coubo au Daïri......... 79
Cour du Ziogoen, ou Coubo...... 93
Occupations des femmes de la cour. 101
Gouverneurs des villes et banjos... 104
Armée...................... 115
Administration de la justice...... 127
Religion.................... 140
Secte de Sinto................ 149
Mendians. — Fondations pieuses.... 163
Secte de Budsdo.............. 169
Fêtes religieuses.............. 183
Persécutions contre les chrétiens... 214

www.ingramcontent.com/pod-product-compliance
Ingram Content Group UK Ltd.
Pitfield, Milton Keynes, MK11 3LW, UK
UKHW031835260826
14628UKWH00001B/406

9 782019 224653